ANNIKA STAHL

Ulmer Geheimnisse

SPANNENDES AUS DER DONAUSTADT MIT KENNERN DER REGIONALGESCHICHTE

swp

Stahl, Annika
Ulmer Geheimnisse – Spannendes aus der Donaustadt – mit Kennern der Regionalgeschichte

SÜDWEST PRESSE in Kooperation mit:
Bast Medien GmbH, St. Ulrich-Str. 11, 88662 Überlingen (verantwortlich)
2. Auflage 2023
ISBN: 978-3-946581-96-3

Lektorat: Lena Bast
Covergestaltung: Melanie Kunze
Layout: Melanie Kunze
Grafik: Open Street Map
Satz: Melanie Kunze
Druck: Mohn Media Mohndruck GmbH, Gütersloh

Ein Titel der preisgekrönten Reihe *Geheimnisse der Heimat*

Inhalt

Vorwort

Wie gut kennt man die Stadt, in der man lebt? In der man wohnt und arbeitet, durch deren Straßen man fährt und durch deren Gassen man schlendert, in der man ins Theater und in Konzerte geht, in der man essen geht und in Straßencafés sitzt? Ziemlich gut, möchte man nach vielen Jahren oder Jahrzehnten sagen. Doch das vorliegende Buch belehrt einen dann auf unterhaltsame und anschauliche Weise eines Besseren: Es gibt immer wieder etwas Neues - oder besser: neues Altes – zu entdecken und zu erfahren. Und sogar Geheimnisse.

Ulm ist seit mehr als 800 Jahren Stadt, und der Stolz auf das historische Erbe ist immer wieder spürbar: auf die reichstädtische Vergangenheit, deren Errungenschaften im Bau des Münsters gipfelten, das noch immer den höchsten Kirchturm der Welt hat. Hinzu kommt der für die kommunale demokratische Verfasstheit so wichtige Schwörmontag samt dem einzigartigen, überbordenden Nabada auf der Donau. Heute trägt Ulm das Label „Zukunftsstadt" und ist Mittelpunkt einer prosperierenden Region, aber es ist das Spannungsfeld aus Tradition und Moderne, das für die Stadt charakteristisch ist und ihren Charme ausmacht.

Ulm hat also eine reiche Geschichte – und daher auch viele Geschichten zu bieten: tatsächlich an allen Ecken und Enden. Doch der Alltag hat uns meist fest im Griff, und täglich gehen wir achtlos an vielen Relikten und Überresten aus der Vergangenheit vorbei. Wer bemerkt schon die steinernen Bögen in der Donau-Stadtmauer oder die quadratischen Steinblöcke im Ochsengässle? Und mit Sicherheit passieren unzählige Menschen täglich das Gänstor, ohne dabei die Kunstinstallation oder die in die Mauer eingelassenen gusseisernen Haken zu entdecken. So entschwinden dem Blickfeld schnell die kunstvollen Fassaden, merkwürdigen Brunnen und alten Grabsteine – und ihre Geschichten drohen, zu verblassen oder in Vergessenheit zu geraten.

Autorin und Archäologin Dr. Annika Stahl hat es sich im Auftrag des Bast Medien Verlags daher zur Aufgabe gemacht, die Zeugen der Vergangenheit wieder ins Bewusstsein zu rufen. Mit Unterstützung engagierter Ulmerinnen und Ulmer hat sie unscheinbare Gravuren und unauffällige Relikte aufgespürt, Ortskundige haben Anekdoten geteilt und die Mitarbeiter des Stadtarchivs fachkundig über die historischen Hintergründe aufgeklärt. Lernen Sie Ulm also in 50 kurzweiligen Geschichten auf eine ganz neue Art kennen. Aber Vorsicht, die Donaustadt wird für Sie danach nicht mehr dieselbe sein – denn auch Sie werden dann nach Spuren aus der Vergangenheit Ausschau halten. Und Ulm mit seinen Geheimnissen dabei immer besser kennen lernen.

Ihr

Magdi Aboul-Kheir
Chefreporter Lokales/Region
SÜDWEST PRESSE

Die Autorin

Dr. Annika Stahl, 1987 im schwäbischen Aalen geboren, hat in Heidelberg und Frankfurt Archäologie studiert und 2019 in Vor- und Frühgeschichte über die Bestattungsriten der westafrikanischen *Nok-Kultur* promoviert. Beruflich wie privat folgt sie ihrer Sehnsucht nach fernen Orten und fremden Kulturen und stillt dabei ihren Wissensdurst: von den Türmen des Schweigens im iranischen Yazd über antike Handelsrouten im Oman zu paläolithischen Fundstellen des südlichen Afrikas. Doch der Wunsch, das gesammelte Wissen über die faszinierende Reise der Menschheit zu teilen, veranlasste die Archäologin, sich ihrer zweiten Leidenschaft – dem Schreiben – zu widmen.

Als freiberufliche Autorin macht sie es sich seitdem zur Aufgabe, zwischen Wissenschaft und Publikum zu vermitteln und historische Fakten in „bekömmliche Happen" zu verwandeln.
So lernen interessierte Leserinnen und Leser durch kurzweilige Schilderungen unterschiedliche Epochen, kuriose Überlieferungen und geschichtliche Hintergründe kennen. Und Spannendes findet sich nicht nur in der Ferne, sondern auch vor der eigenen Haustüre – hinter jeder Ecke schlummern Anekdoten und verstecken sich Relikte, die auf ihre Entdeckung warten. Nach ihren Büchern „Landshuter Geheimnisse" und „Straubinger Geheimnisse" hat sich die Autorin daher für das vorliegende Buch in der Stadt Ulm auf die Suche nach Spuren aus der Vergangenheit begeben.

01

Fingerabdrücke

Ungeschickte Kinderhände

Selbst wer weiß, wo sich die Abdrücke auf den flachen Backsteinen erhalten haben, muss eine Weile suchen, um sie wiederzufinden. Diese Spuren an der Donau-Stadtmauer zufällig beim Vorbeigehen zu entdecken, erscheint beinahe unmöglich. Nahe dem Metzgerturm zeigt ein besonders gut erhaltenes Exemplar an beiden Enden vier Fingerabdrücke, eine kreisförmige Fläche sowie eine schräg verlaufende Linie. Wo der Ziegelstein zu finden ist, weiß Claudia Eckstein, Doktorandin an der Universität Bamberg und Mitarbeiterin des Landesamts für Denkmalpflege Baden-Württemberg. Als Bauforscherin beschäftigt sie sich unter anderem mit der mehr als 700 Jahre in die Vergangenheit zurückreichenden Geschichte des Backsteins in der Reichsstadt: „Die erste Ulmer Ziegelei ist für die Mitte des 14. Jahrhunderts nachgewiesen", berichtet die Wissenschaftlerin. Der erste Nachweis zur Verwendung des neuartigen Baumaterials würde sogar bis ins 13. Jahrhundert datieren: „Die ältesten Backsteine sind vermutlich im Gewölbekeller unter der Valentinskapelle verbaut, der zum Pfleghof des Klosters Bebenhausen gehörte." Daher könne der Keller auf das 13. Jahrhundert datiert werden.

Mit dem Ausbau der Stadtmauer vor allem im 14. Jahrhundert habe sich die Ziegelproduktion sehr schnell entwickelt, erklärt Claudia Eckstein. Auch der Metzgerturm sei um 1349 aus Backsteinen errichtet worden – ebenso wie das Münster, in dem die Baumeister neben Natursteinen hauptsächlich Backsteine verbauen ließen. Denn im Vergleich zu dem für Bauzwecke weniger gut geeigneten Kalkstein aus der Umgebung boten diese als Material eine willkommene Alternative. Auch für den Bau der Donau-Stadtmauer im 15. Jahrhundert hätten daher Backsteine Verwendung gefunden und seien zudem aus einem anderen Grund etwas Besonderes: „Die Größe der Steine mit einer Länge von bis zu 40 Zentimeter ist ein Ulmer Phänomen, das im 15. Jahrhundert häufig vorkam", stellt sie fest. Es seien aber durchaus verschiedene Formate gleichzeitig verwendet worden. Dieses Format könnte bevorzugt für die äußere Mauerschale verwendet worden sein.

Bild oben: Claudia Eckstein zeigt, wo die Abdrücke auf der Donau-Stadtmauer zu finden sind.
Bild unten: Was hat es mit den Abdrücken auf den Backsteinen entlang der Mauer auf sich?

Wie aber gelangten die Abdrücke auf die in der Stadtmauer verbauten Ziegelsteine? „Die runde Fläche könnte von einem Werkzeug stammen“, vermutet die Bauforscherin. Die schrägen Streifen wiederum seien entstanden, als das Material bei den Ziegeleien vor den Toren der Stadt zum Trocknen ausgelegt wurde: „Nachdem die Ziegel auf dem Boden lagen, wurden sie zu kleinen Türmchen aufgestapelt. Wenn die Steine noch nicht hart genug waren, hinterließ dieser Vorgang solche linearen Abdrücke.“ Denn die Backsteine seien nicht nur orthogonal zueinander, sondern auch in schräg verlaufenden Positionen aufeinandergelegt worden. „Wer die Linien einmal sieht, entdeckt sie überall entlang der Mauer“, verspricht die Ulm-Kennerin. Bei demselben Vorgang seien auch die Fingerabdrücke entstanden: Sie wurden beim Wenden der Steine in das Material gedrückt. „Man sieht, dass die Fingerabdrücke klein sind, denn tatsächlich haben auch Kinder in den Ziegeleien gearbeitet“, merkt Claudia Eckstein an.

Entlang der Donau-Stadtmauer, wie auch am Durchgang im Metzgerturm, lassen sich einige solcher Spuren entdecken. Dass sie leicht zu finden sind, behauptet allerdings niemand. Viel Spaß bei der Suche!

So geht's zu den Fingerabdrücken:

Vom Durchgang am Metzgerturm kommend, finden sich die Abdrücke im Westen auf Höhe der zweiten, sehr langen Parkbank. Der Backstein liegt zwischen der linken Ecke der Bank und dem daran anschließenden Baum.

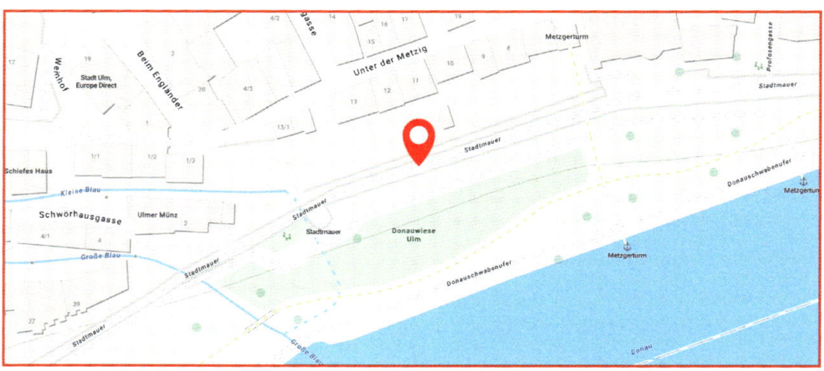

Historiker Thomas Schuler ist ebenfalls im Besitz eine solchen „Achtpfünders", der während Napoleons Angriff zum Einsatz kam.

02

Kanonenkugel

Vom Kienlesberg ins Fischerviertel

Wenn das mal kein besonderer Fang ist! Dreht sich im Fischviertel sonst alles um Fische, Brücken und Gewässer, lenkt die kleine Kanonenkugel in der Hauswand des Gasthauses „Zur Forelle" die Aufmerksamkeit auf ein ganz anderes Thema. „Es kommt oft vor, dass Kanonenkugeln nachträglich in Häuser, Fassaden oder ins Mauerwerk eingemauert wurden", sagt Thomas Schuler. Haben die Besitzer des Hauses also irgendwann eine solche Kugel gefunden und in die Hauswand eingelassen?

Ulm sei in der Vergangenheit nicht oft mit Kanonenfeuer beschossen worden, erklärt der Historiker, weswegen er die Kugel einem bestimmten Ereignis zuordnen kann: „Während des Dritten

Koalitionskrieges hat Napoleon am 15. und 16. Oktober 1805 Ulm von den Hängen aus mit Artillerie beschießen lassen.“ Dabei seien zwei Arten von Munition zum Einsatz gekommen: Haubitzen-Granaten, die explodierten und Brände auslösen konnten, sowie Kanonenkugeln, von denen es verschiedene Kaliber gegeben habe. Eine davon sei die „schöne Tochter Napoleons“, wie sie die französischen Soldaten liebevoll nannten: der „Zwölfpfünder“, also eine Kanonenkugel von sechs Kilogramm Gewicht. „Diese Kanonen wogen anderthalb Tonnen und mussten von acht Pferden gezogen werden“, merkt der Napoleon-Experte an. Das Relikt, das in der Hauswand stecke, sei allerdings ein anderes Kaliber: „Bei der Kugel handelt es sich wahrscheinlich um einen Achtpfünder mit einer Reichweite von ungefähr 1.700 Metern“, erklärt er.

„Bei der Kugel handelt es sich wahrscheinlich um einen Achtpfünder mit einer Reichweite von ungefähr 1.700 Metern.“

„Bei der Beschießung Ulms wollte Napoleon seine Macht demonstrieren und die österreichischen Truppen zur Kapitulation zwingen“, verweist der Buchautor auf den Hintergrund des Angriffs. Daher habe der Kaiser die Stadt „nur“ zweimal eine halbe Stunde lang beschießen lassen. „Hätte er es länger getan, wären mit ziemlicher Sicherheit Brände ausgebrochen, wie es 1809 in Regensburg der Fall war und dort ein Viertel der Stadt abbrannte. Auf Grundlage der Quellen kann gesagt werden, dass mindestens mehrere Dutzend Gebäude getroffen wurden.“ Belegt sei unter anderem, dass eines der Geschosse ins Dach des Münsters einschlug. In Söflingen wurde eine solche Kugel, die allerdings aus dem Jahr 1796 stammt, nachträglich eingemauert. Eine weitere Kugel sei in der Stadt in einer Hausmauer noch vorhanden, aber schwer zugänglich.

Aus historischen Quellen weiß Thomas Schuler, in welchen Gebäuden mit Sicherheit Kugeln eingeschlagen sind. Das Gasthaus „Zur Forelle“ sei allerdings nicht unter den genannten Häusern gewesen, auch sonst gebe es keine historischen Quellen zu der dort in die Wand eingelassenen Kugel. Nur im Stadtarchiv sei er auf alte Schwarz-Weiß-Fotos aus der Zeit vor dem Zweiten Weltkrieg gestoßen, auf denen die Kugel bereits in der Mauer zu sehen ist. „Dass die Forelle nicht explizit erwähnt ist, muss nichts bedeuten. Es wurden nicht alle Gebäude aufgeschrieben, die Leute hatten damals mitten im Krieg wahrlich anderes zu tun.“

Es gebe aber eine andere Möglichkeit, um nachzuvollziehen, in welchen

Bereichen Kugeln eingeschlagen sein könnten: „Aus französischen Quellen ist bekannt, wo sich die Artilleriestellungen befunden haben“, erklärt der Historiker. Drei Stellungen habe es gegeben: eine am heutigen Rechbergweg auf dem Safranberg, eine in der heutigen, nördlichen Frauenstraße sowie eine auf dem Kienlesbergfelsen – dem berühmten Napoleon-Felsen. „Schaut man sich die Schussbahnen dieser drei Stellungen an und zieht eine gerade Linie, zielt die Stellung auf dem Kienlesbergfelsen genau auf die Wirtschaft.“ Daher sei es sehr wahrscheinlich, dass die Kugel von dieser Stellung abgefeuert wurde. Dass die Kanonenkugel nachträglich eingemauert worden sei, hält der Napoleon-Kenner auch aus einem anderen Grund für unwahrscheinlich: „Normalerweise wurden nachträglich eingemauerte Kugeln an sichtbaren Orten platziert. Diese befindet sich aber auf Kniehöhe – und steckt zudem sehr tief im Mauerwerk.“ Es ist demnach sehr wahrscheinlich, dass die Kanonenkugel am 15. oder 16. Oktober vom Kienlesberg mit einer Geschwindigkeit von 300 Metern in der Sekunde in die Wirtschaft „Zur Forelle“ eingeschlagen ist und dort seit mehr als 200 Jahren mitten im Herzen des Fischerviertels verharrt – allerdings bei pfleglicher Behandlung, wie die akkurate Einbettung in den Verputz zeigt.

So geht's zur Kanonenkugel:

Die Kugel steckt in der Fischergasse 25 in der Hauswand der Wirtschaft „Zur Forelle“, die zwischen dem Weinhof und dem Fischerplätzle liegt.

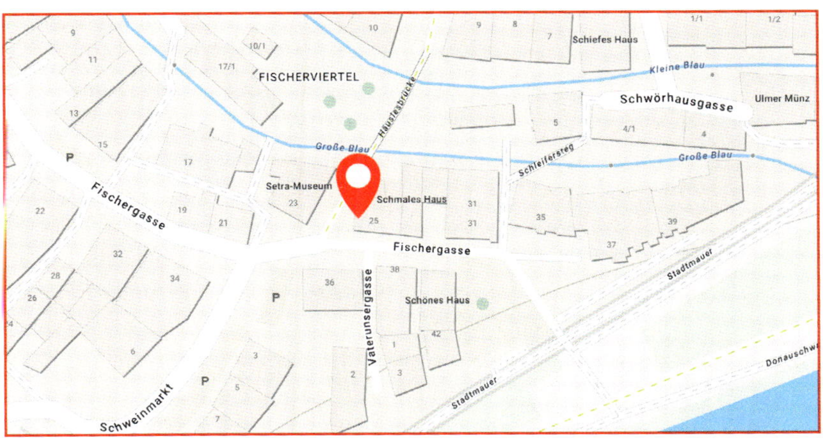

Bunte Ziegel

Verlorenes Muster

Ohne Frage – das Dach des mittelalterlichen Metzgerturms zieht mit seinen bunten Ziegeln die Blicke auf sich. In einem Farbenspiel ergänzen verschiedene Grüntöne und bläuliche wie gelbliche Farbnuancen die gewöhnlichen rotbraunen Exemplare. Bei genauerem Hinsehen lassen sich außerdem verschieden lange Ziegel erkennen, meist mit abgerundeten Ecken, manchmal spitz zulaufend. Die scheinbar willkürlich gelegten Ziegel sind allerdings nicht grundlos so verschiedenfarbig.

Werner Brendel kennt sich als Dachdeckermeister mit dem Turmdach aus, sein familiengeführter Betrieb hat es im Jahr 2000 saniert. Zu diesem Zeitpunkt lagen die Ziegel bereits in derselben – zufälligen – Abfolge auf dem Dach. „Sogar Fotografien aus der Zeit vor dem Zweiten Weltkrieg zeigen, dass das Dach kein Muster geführt hat“, erklärt der ehemalige Geschäftsleiter. Auf den Aufnahmen sei allerdings zu sehen, dass der Metzgerturm – wie auch das Münster einst – Gauben besessen habe, also Vorsprünge im geneigten Dach, welche den Innenraum erweitern und zusätzliches Tageslicht hereinlassen. Warum an beiden Bauten dieses architektonische Element irgendwann entfernt wurde, weiß Werner Brendel allerdings nicht.

Die Ziegel hingegen hätten sich erhalten: „Auf dem Dach befinden sich mehrere Tausend Ziegel, die zum Teil über 400 Jahre alt sind.“ Nachdem einige davon heruntergefallen waren, beschloss die Stadt, den Bau zu sanieren. „Verschmutzungen waren dabei weniger das Thema, sondern die Beschädigungen. Wenn die Nase – so heißt das Element, um sie ineinanderzustecken – beschädigt ist, droht der Ziegel runterzufallen“, erklärt der Ulmer. Die Vorgabe des Denkmalamtes war es, das Aussehen der Dachdeckung in seiner Form und Farbgebung zu erhalten. Da es jedoch nicht möglich sei, Ziegel zu reparieren, so der Dachdeckermeister, hätten einige ersetzt werden müssen. Das heißt: Jedes auszutauschende Exemplar wurde genau dokumentiert und in Form, Größe und Farbe originalgetreu nachgebildet. So fanden einige Hundert nach altem Vorbild neu geschaffene Ziegel ihren Weg aufs Dach. „Einige der Figuren, die auf den Dachgraten angebracht sind,

Weder von den Gauben noch von dem Sparrenmuster ist etwas erhalten, weiß Werner Brendel.

Kunterbunt – das Dach des Metzgerturms zieren Ziegel in verschiedenen Farben und Formen.

haben auch gefehlt und wurden durch eine Nachbildung ersetzt", merkt der Dachdeckermeister an. Am Ende sollte eben alles dem ursprünglichen Zustand entsprechen.

Doch was war denn nun eigentlich der „originale" Zustand? Wie der backsteinerne Turm, der um die Mitte des 14. Jahrhunderts gebaut wurde, in seiner ursprünglichen Form ausgesehen hat, ist nicht bildlich überliefert. Erst mit dem Kartografen und Maler Philipp Renlin (um 1545-1598) ist ein Stadtplan Ulms aus dem Jahr 1597 erhalten. Die Donauseite des Metzgerturms präsentiert sich dabei – wie heute – in drei von Gesimsen unterteilten Abschnitten, auch das spitze Dach wird bereits von zwei metallenen Kugeln geziert. Die Ziegel waren in dieser Zeit allerdings nicht willkürlich aneinandergereiht, sondern formten ein Sparrenmuster – also im Zickzack verlaufende Streifen in den Farben Grün, Gelb und Braun, wie Architekturhistoriker Ulrich Knapp in einem Beitrag über historische Dacheindeckungen schildert. Während glasierte Ziegel bereits um 1100 genutzt worden seien, erhielten Dächer besonderer Gebäude erst ab dem 15. Jahrhundert die technisch anspruchsvolleren, farbig glasierten Ziegel. Gingen diese Muster verloren, blieben jedoch nur die bunt zusammengelegten Ziegel übrig – wie am Metzgerturm. Seit wann das Sparrenmuster das Dach nicht mehr schmückt, ist allerdings unklar. „Die Dacheindeckung des Münsters zierte früher ebenfalls ein Muster", merkt Werner Brendel an. Sein Vater habe in den 1960er-Jahren das Dach des Gotteshauses renoviert, doch die glasierten Ziegel seien irgendwann nicht mehr gewünscht gewesen.

Heute kennen viele den 36,1 Meter hohen Metzgerturm auch aus einem anderen Grund: Da der Bau in den nördlichen Ecken auf einem Wurzelstock und einem Eichenstamm aufgerichtet wurde, führte der sinkende Donaupegel – und das infolgedessen faulende Holz – dazu, dass der Turm absackte. Seit Anfang des 20. Jahrhunderts stützt ein Betonfundament den schiefen Turm. Die geläufigere Begründung für die Schieflage des Turms, der sich am Durchgang zur „Metzig", also dem reichsstädtischen Schlachthaus, befand, stützt sich auf eine überlieferte Erzählung: Nachdem der Rat betrügerische Metzger im Turm eingesperrt hatte und der Bürgermeister verkündete, sie würden alle gehenkt werden, drängten sich die – korpulenten – Angeklagten gleichzeitig in eine der Ecken und brachten somit den Turm aus dem Gleichgewicht.

Was die beiden Kugeln auf dem Dach des Metzgerturms betrifft, macht Werner Brendel darauf aufmerksam, dass es ein weiteres Geheimnis gebe: „Solche Aufsätze finden sich beispielsweise auch bei Kirchen. Früher war es üblich, in der Kugel Pläne und Bauzeichnungen aufzubewahren." In den Behältern des Metzgerturmes seien allerdings keine derartigen Dokumente erhalten gewesen, möglicherweise waren diese durch die Zerstörungen im Zweiten Weltkrieg verloren gegangen. Schade – vielleicht hätten sie in detaillierter Ausführung gezeigt, wie das Muster auf dem Dach des Metzgerturms einst ausgesehen hat.

So geht's zu den bunten Ziegeln:

Der Metzgerturm befindet sich am Donau-Ufer und kann aus nächster Nähe von der parallel zum Fluss verlaufenden Stadtmauer aus bewundert werden.

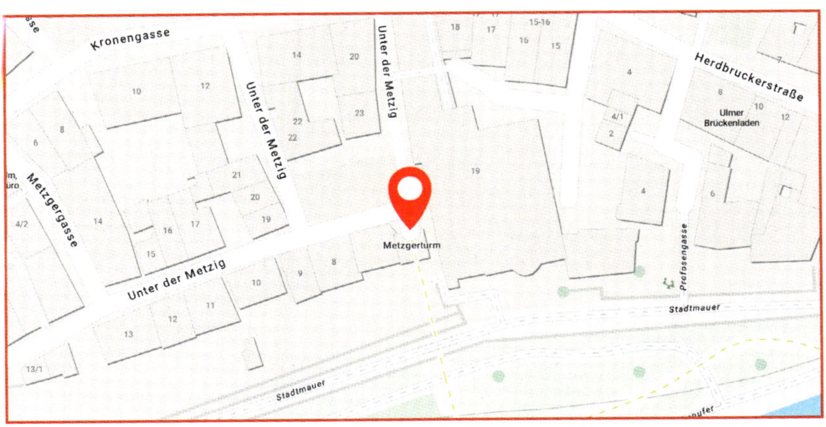

04

Rosette

Vom Münsterplatz nach Söflingen

Mit seinem rechten Zeigefinger deutet Jürgen Späth auf die Stelle, an der sich das sonderbare Relikt befindet. Wer mit wachsamem Blick durch die Zinglerstraße geht, wird *mindestens* vier dieser Objekte an Hausfassaden entdecken. Doch nicht nur hier, sondern auch an anderen Orten in der Stadt haben sich die ausgedienten Objekte erhalten, – sei es in der Karlstraße oder am Gebäude des Finanzamts.

Wozu aber hängen diese Gegenstände in über sechs Metern Höhe an den Wänden? Es ist so banal wie funktional: Die Rosetten dienten zur Aufhängung der Oberleitungen, über welche die Straßenbahn mit elektrischer Energie versorgt wurde. „Der Spanndraht – also das Halteseil für den Fahrbahndraht – wird an einer Öse befestigt, welche in das Innengewinde der Rosette geschraubt ist. Die Rosette selbst ist mit vier Schrauben im Mauerwerk befestigt", erklärt der Ulmer den Aufbau der Konstruktion. Mithilfe dieser Mauerrosetten konnte dort, wo Gebäude standen, die gesamte Oberleitung aufgehängt werden. Die Spanndrähte, welche quer zur Fahrtrichtung der Straßenbahn verliefen, dienten zur Befestigung des aus Kupfer gefertigten Fahrdrahts. Über diesen wurde der Fahrstrom damals mit 500 Volt Gleichstrom (heute 750 Volt) aus dem Umspannwerk zu den Fahrzeugen geleitet. In den Anfangsjahren der Straßenbahn existierte nur ein Dampfkraftwerk beim Betriebshof an der Olgastraße, von wo aus der Fahrstrom für das gesamte Netz eingespeist wurde.

„Am Anfang wurde die Oberleitung an großen, gusseisernen Rosetten befestigt. Seit den 1950er-Jahren werden nur einfache Dübel in die Wand eingebracht, an denen die Spannseile befestigt wurden – ohne die schmückende Rosette dahinter", fährt Jürgen Späth fort, der bei den Stadtwerken Ulm/Neu-Ulm der Verantwortliche für die Schienenfahrzeuge ist. Und mit „Anfang" meint der Straßenbahn-Experte das Ende des 19. Jahrhunderts, denn im Jahr 1897 nahm die erste Straßenbahn ihre Fahrt auf. Sowohl die Ringlinie mit dem Streckenverlauf Münsterplatz – Bahnhof – Olgastraße – Frauenstraße – Münsterplatz als auch

Die ältesten Modelle sind gusseiserne Objekte mit Rosettenverzierung, auf der sich die Öse befindet.

die Neu-Ulmer Linie vom Münsterplatz zum Bahnhof Neu-Ulm seien am 15. Mai 1897 eröffnet worden, erklärt der Ulmer.

Bereits die erste Probefahrt eines Triebwagens in der Olgastraße lockte am 26. Februar 1897 viele Neugierige auf die Straße – und gab Jugendlichen Anlass für Streiche. Diese hätten, wie Daniel Riechers in dem Buch *100 Jahre Straßenbahn Ulm/Neu-Ulm* schildert, Münzen auf die Schienen gelegt oder, weitaus gefährlicher, Steine in den Schienenrillen platziert. Im Mai desselben Jahres erfolgte die erste offizielle Passagierfahrt, bei der sich bereits nach einer halben Stunde eine Tragödie zutrug: „In der Chronik ist erhalten, dass am Tag der Eröffnung ein Hund überfahren wurde", schildert Jürgen Späth den Vorfall, „denn der konnte mit dem neuen Verkehrsmittel nicht umgehen." Weil der Bernhardiner sich der Straßenbahn bellend in den Weg gestellt hatte –, wurde er überfahren. Trotz des Unfalls war bei den Menschen die Begeisterung für das neue Verkehrsmittel allerdings groß, laut Presse sei die Bahn von morgens bis abends fast durchgehend gut besetzt gewesen.

Trotz der anfänglichen Euphorie der Menschen nutzten die Ulmerinnen und Ulmer das neue Verkehrsmittel im ersten Betriebsjahr nicht wie erhofft. Das Streckennetz wurde dennoch bald ausgebaut, zunächst folgte die Erweiterung von der bestehenden Trasse am Münsterplatz zum „Stuttgarter Thor", dem ehemaligen Bahnhof der Brenzbahn an der Gaisenbergstraße, wo sich heute der Ostbahnhof befindet. Auch eine Linie bis nach Söflingen wurde im Zuge der Eingemeindung dieses Stadtteiles im Jahr 1907 gebaut, da sich die Söflinger Bürger einen Anschluss an das neue Verkehrsmittel, die Ulmer Straßenbahn, wünschten. Sogar beim Bau der evangelischen Christuskirche wurde die Straße extra breiter angelegt, damit ausreichend Platz für eine Straßenbahn sein würde. Bei der Eröffnung der neuen Linie nach Söflingen fuhr diese zwischen der Zinglerstraße und der Christuskirche wie eine „Überlandlinie" durch Felder, Wiesen und Gärten – was heute, mit der dichten Bebauung entlang der Strecke, völlig unvorstellbar ist.

Die Linie in den westlichen Stadtteil war letztlich der Grund, warum jenseits der Zinglerbrücke bis heute die alten Rosetten hängen: „Beim Bau der Straßenbahn durch die Zinglerstraße wurden nicht nur die Gleise verlegt, sondern auch die Fahrleitungsanlage an den damals ebenfalls neu gebauten Häusern befestigt", erklärt der Erste Vorsitzende der Ulmer/Neu-Ulmer Nahverkehrsfreunde. Später fuhr auch – gemeinsam mit der „Söflinger Linie" – die Linie zum Römerplatz (und später auch hoch zum Kuhberg) durch die Zinglerstraße. Allerdings bog die Straßenbahn nach

Söflingen anfangs an der Beyerstraße und später am Bismarckring nach rechts in Richtung Söflingen ab. „Übrigens hatten die Linien zu Beginn keine Nummern, erst in den 1920er-Jahren sind diese eingeführt worden“, merkt Jürgen Späth an. In den nächsten Jahren setzte sich der Aus- und Umbau des Streckennetzes fort – bis zum Beginn des Zweiten Weltkriegs.

Wie auch der historische Kern der Stadt war nach Kriegsende beinahe das gesamte Straßenbahnnetz von den Zerstörungen betroffen. Etliche der vorhandenen Fahrzeuge waren so stark beschädigt, dass eine Wiederherstellung nicht mehr möglich war. Dank engagierter Mitarbeiter des Straßenbahnbetriebs konnten zwar bald einige Fahrten wiederaufgenommen werden, allerdings mit Einschränkungen: „Nach dem Krieg sind von den vier bestehenden Linien nur zwei wiederaufgebaut worden, darunter auch die Straßenbahn nach Söflingen“, erklärt er. „Vor dem Krieg gab es zwar schon Diskussionen darüber, ob der Verkehr auf Oberleitungsbusse umgestellt werden sollte, aber nach dem Ende des Krieges waren die Menschen froh, überhaupt ein funktionierendes Verkehrsmittel zu haben.“ Wegen der aufkommenden Motorisierung des Individualverkehrs und den scheinbaren Vorzügen der Omnibusse wurde mit der Linie 4 vom Kuhberg zum Safranberg 1964 eine weitere Linie eingestellt. Nur die Straßenbahn vom Stadion nach Söflingen verkehrte weiterhin – bis heute.

> „Nach dem Krieg sind von den vier bestehenden Linien nur zwei wiederaufgebaut worden, darunter auch die Straßenbahn nach Söflingen.“

Bedingt durch den Bau des Westringtunnels und die Einführung der Einbahnstraßenregelung in der Zinglerstraße musste auch die Straßenbahnstrecke in dieser Straße aufgegeben werden. Stattdessen erfolgte im Jahr 1967 die Eröffnung der Unterführung unter den Bahngleisen in der Neuen Straße, in der sich bis heute auch eine Trasse für die Straßenbahnstrecke über das Ehinger Tor nach Söflingen befindet. Von dem alten Streckenverlauf in der Zinglerstraße haben sich einige der alten Wandhalterungen erhalten. „Als in den 1970er-Jahren dann auch noch die Linie 1 nach Söflingen eingestellt werden sollte, hat sich die Bevölkerung, allen voran die ‚Söflinger‘, massiv gewehrt. Und die Reaktion war sehr schwäbisch“, sagt Jürgen Späth – gemäß dem Motto: *Wenns net so viel kostet, lass mer se halt no a bissle fahra.*

Erst ein Jahrzehnt später änderten sich die Dinge: Ulm wurde in den 80er-

Jürgen Späth hilft bei der Suche nach den kleinen Relikten.

Jahren Verdichtungsraum, wodurch die Stadt dann auch Zugang zu Zuschüssen auf der Basis des GVFG (*G*emeinde*v*erkehrs*f*inanzierungs*g*esetz) erhalten konnte. „Hierdurch ergab sich plötzlich eine ganz andere Perspektive, weshalb in den nächsten zwanzig Jahren die Gleise und Fahrleitungsanlagen der einzigen Straßenbahnlinie komplett neu angelegt wurden. Wo immer es möglich war, wurden die Gleise auf einem eigenen, baulich vom Individualverkehr getrennten Bahnkörper angelegt."

Letztendlich hat sich das umweltfreundliche Verkehrsmittel also durchgesetzt: „2001 wurden für bestehende Linien neue Niederflurstraßenbahnen beschafft, denn bis dahin wurden nur gebrauchte Modelle von anderen Städten verwendet. Ab 2003 kamen acht neue Fahrzeuge – mit barrierefreiem Einstieg – zum Einsatz. Zudem wurde die bestehende Linie um fünf Kilometer nach Böfingen verlängert und 2009 in Betrieb genommen. Wegen der großen Resonanz beschloss der Gemeinderat, die Linie 2 vom Science Park zum Kuhberg neu zu bauen. Diese wurde 2018 in Betrieb genommen und die Bevölkerung am Kuhberg erhielt, nach 54 Jahren Unterbrechung, wieder ihre Straßenbahn."

Der Mitarbeiter der Stadtwerke kennt auch einige amüsante Anekdoten von damals, die ihm Kollegen zum Besten gegeben hatten: „Vor mehr als vierzig Jahren wurde mal ein Teil der Fahrleitung erneuert. Zum Anbringen der Wandhalterung wurde ein Loch in die Hauswand gebohrt. Plötzlich ging das benachbarte Fenster auf, eine Frau schaute heraus und sagte, die Arbeiter könnten aufhören, sie seien mit dem Bohrer schon durch", teilt der Ulmer die

Geschichte und fährt fort: „Manch ein Anwohner hat sich in der Anfangszeit der Straßenbahn auch schon über sonderbare Geräusche beschwert. Denn entlang des kupfernen Fahrdrahts wird eine Kohleschleifleiste geführt, was am Draht zu leichten Schwingungen führt. Und diese übertragen sich dann in das Haus – wie bei einer Geige in den Kasten." Aus diesem Grund gebe es, bis heute, kleine Schwingungsdämpfer in den Spanndrähten, um den Übertragungsweg der Schwingungen zu unterbrechen.

Jenseits der Donau, merkt der Ulmer an, gebe es im Übrigen auch noch solche Relikte: „In Neu-Ulm stammen die Rosetten allerdings nicht von der Straßenbahn, sondern von den O-Bussen – den Oberleitungsbussen." Und in Ulm fänden sich die kleinen Relikte auch in Abschnitten, wo die Straßenbahn heute noch verkehrt, der Fahrdraht jedoch auf Masten verlegt worden sei. „Wir haben außerdem noch historische Straßenbahnen, eine davon aus dem Jahr 1905. Etwa 200 Sonderfahrten werden jährlich mit den historischen Fahrzeugen durchgeführt. Und damit lebt die alte Zeit nicht nur in Wandrosetten weiter."

Also: Einsteigen und das historische Flair genießen – oder zu Fuß die Stadt erkunden und Rosetten zählen. In der Zinglerstraße sind noch *mindestens* vier zu finden …

So geht's zur Rosette:

Die Rosetten befinden sich in der Zinglerstraße, dort sind an vielen Hauswänden Exemplare zu finden.

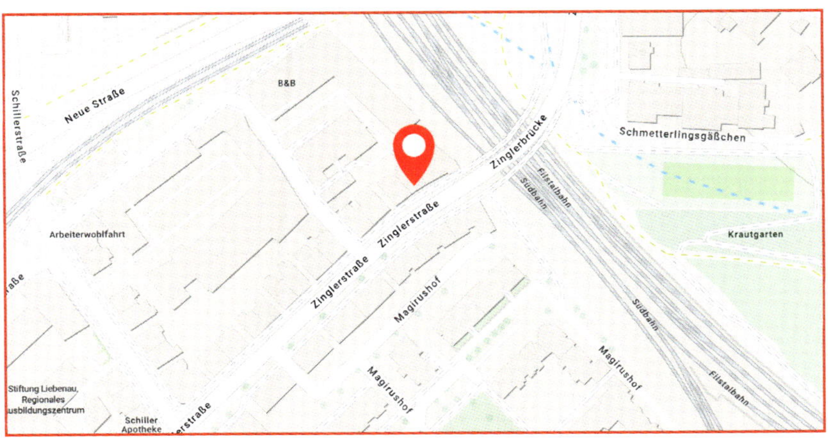

Wer vermutet schon, dass die Franzosen etwas mit dem blechernen Schild in der Büchsengasse zu tun haben?

05 Blechschild

Offensichtlich verborgen

Ein kleines, rechteckiges Schild aus Blech, mit zwei Nägeln am Rahmen über einer hölzernen Tür befestigt: Das historische Relikt könnte nicht unauffälliger sein. Die meisten Vorübergehenden, überwältigt von der Flut an Schildern und Reklamen, werden es kaum beachten. Wer es dennoch wahrnimmt, vermutet hinter dem graubraunen Schild mit der silberfarbenen Aufschrift *No C. 350* sicherlich kein mehr als 200 Jahre altes Relikt.

„Ende des 18. Jahrhunderts zählte die Donaustadt etwa 13.000 Einwohner, verteilt auf etwa 1.600 Häuser", nennt Historiker Thomas Schuler die Eckdaten der damaligen Wohnsituation. Die Straßennamen beziehen sich auf alte Bedeutungen (siehe Geheimnis Ulmergasse) und die Bewohner kennen sich in der Stadt aus. Wer allerdings nicht zur lokalen Bevölkerung zählt, kann sich schnell im Gewirr der vielen Gassen verlieren – und das sind in dieser Zeit vor allem Menschen aus dem Ausland: „Im Zuge des Ersten Koalitionskriegs wurden 1796 viele Tausende Soldaten aus Frankreich in der Stadt einquartiert", fährt der Napoleon-Experte fort, „und die haben oft ihren Einquartierungsort nicht gefunden."

In diesem historischen Kontext habe der Rat der Stadt Abhilfe für die vielen Soldaten geschaffen: „Der Rat hatte beschlossen, dass an den Häusern Schilder mit Nummern angebracht werden sollten. Nach dem Vorbild der Stadt Augsburg wurde Ulm mit der sogenannten *Litera-Einteilung* in vier Viertel aufgeteilt, wovon jedes eine Buchstabenkennung von A bis D erhielt. Diese wiederum erhielten Nummern von eins bis 406." Dafür seien die kleinen Blechschilder mit der Kombination aus Buchstaben und Zahlen angefertigt worden. „Das Haus in der Büchsengasse ist das einzige Haus, an dem dieses blecherne Schild noch hängt", merkt der gebürtige Ulmer an. Zwar gebe es noch an manchen Gebäuden in Holz eingeschnitzte Buchstaben mit Nummern, aber nur in besagter Straße habe sich ein solches Blechschild des alten Nummerierungssystems am Haus erhalten.

„Das System blieb bis zur Einführung des modernen Adresssystems im Jahr 1893 unverändert gültig. Der Ulmer Gemeinderat hat infolge des Umstandes, dass die Stadt immer mehr wuchs, die Neuordnung der Adresslandschaft beschlossen", erklärt der Buchautor Thomas Schuler die Ursache für das Ende der *Litera-Einteilung*. „Es ist einfach ein schönes Stück Geschichte", ist er überzeugt. Vor allem auch deswegen, betont er, weil dieses Haus eines der wenigen Gebäude sei, die im Zweiten Weltkrieg nicht zerstört wurden. Dort schmückt das Blechschild acuh heute noch ganz unauffällig die hölzerne Tür des Hauses C 350.

So geht's zum Blechschild:

Das Schild hängt in der nördlichen Altstadt in der Büchsengasse 22. Im Portal an der Kohlgasse 4 findet sich eine solche Kombination in die Holztür eingeritzt.

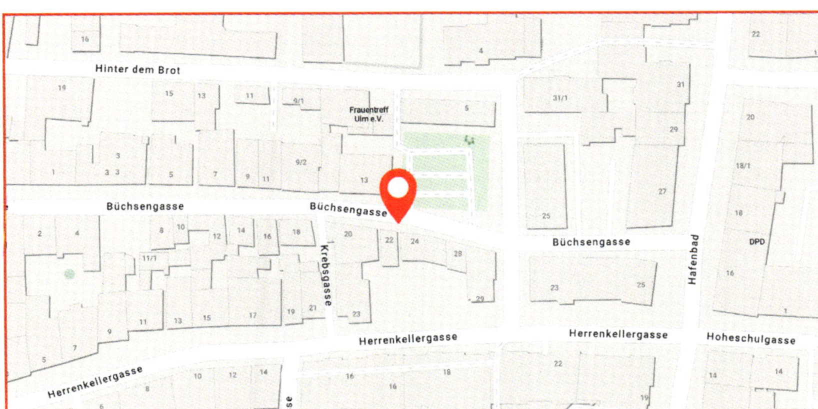

PUBLICAE SALUTI MDCLXVII

06

Löwe

Opfer des Spanischen Erbfolgekriegs

Betrübt schauen die beiden Löwen, die zu Füßen des griechischen Helden Herakles ruhen. Vielleicht, weil der Halbgott als Teil der ihm auferlegten zwölf Aufgaben dem Nemeischen Löwen seine Keule über den Schädel gezogen hatte, bevor er ihn erwürgte und aus dessen Fell einen Umhang machte. Vielleicht aber zeigen sich die Tiere auf dem barocken Portal des Zeughauses auch bedrückt, weil einer von ihnen verwundet ist.

„Der rechte Löwe hat drei kleine Einschusslöcher auf seinem Körper", gibt Jörg Zenker einen Hinweis. Die Geschichte um die „Kriegsverletzung" führt zurück in das Jahr 1700, als der spanische König Karl II. (1661-1700) stirbt. Ohne einen direkten Erben und in Anbetracht der weitverzweigten Verwandtschaftsverhältnisse des Adels folgt ein unvermeidlicher Konflikt: Sowohl die Habsburger als auch die Bourbonen erheben Anspruch auf den spanischen Thron sowie die damit verbundenen Herrschaftsgebiete und Kolonien. Kurze Zeit später werden die ersten Truppen entsandt. Der Spanische Erbfolgekrieg wird Europa für Jahre in Atem halten. Auf der Seite der „Großen Allianz" von Österreich und dem Habsburger Kaiser Leopold I. (1640-1705) stehen die Niederlande, England und beinahe alle deutschen Fürsten. Nur der bayerische Kurfürst Max Emanuel (1662-1726) verbündet sich mit Frankreich.

„Im August 1702 planten die Bayern, die Reichsstadt Ulm zu erobern – und zwar durch eine List", schildert der Gästeführer die Überlieferung. „Ein Trupp bayerischer Soldaten hat sich am 8. September 1702 als Bauernvolk verkleidet, welches vorgab, den Markt besuchen zu wollen. Die Soldaten trugen dabei die Kleider sowohl von Männern als auch von Frauen." Wie es zu einer guten Verkleidung gehört, soll einer ein Lamm getragen haben, ein anderer Mann Hühner und Eier. Im östlich gelegenen Gänstor versuchen die verkleideten Soldaten, in die Stadt einzudringen – ihr Plan geht auf: Sie setzen die Stadtwachen außer Gefecht und machen so den Weg für die Dragoner frei. Von dort aus erreicht die berittene Einheit schnell das nahe gelegene Zeughaus, das Lager für Waffen und Rüst-

Bild oben: Jörg Zenker kennt die Anekdote zu dem angeschossenen Löwen am Zeughaus.

Bild unten: Trotz Schusswunde wachen die beiden barocken Löwen heute noch über das Zeughaus.

zeug. Die Inschrift *PUBLICAE SALUTI MDCLXVII* am Portal des Löwenbaus verweist noch heute auf die Funktion des im 15. Jahrhundert erstmals erwähnten Waffenlagers: „Im Jahr 1667 für die öffentliche Sicherheit gebaut".

„Beim Sturm auf das Zeughaus gab es ein kurzes Gefecht, bei dem auch einige Schüsse fielen", gibt der ausgebildete Schauspieler die Anekdote wieder, die er aus Eberhard Neubronners *79 Ulm. Kurioses kreuz und quer* kennt. Dort beim Zeughaus stellt sich Stadtkommandant Johann Matthäus Faulhaber den feindlichen Soldaten. Da die Kriegsherren des Rats ein Blutbad befürchten, unterbinden sie jedoch weitere Kampfhandlungen, indem sie sich vor die eigenen Kanonen stellen. Die Reichsstadt kapituliert und wird von den Bayern besetzt. Bereits ein Jahr später folgt die Okkupation durch die Franzosen, die bis zum Ende des Spanischen Erbfolgekriegs im Jahr 1714 andauert. „Das einzige Opfer, das die Bayern bei der Überrumpelung der Stadtsoldaten zu beklagen hatten, war ausgerechnet ihr Anführer Oberstleutnant von Pechmann. Als eingeschriebener Kurgast im Griesbad hatte er die Stadt und mögliche Einfallsrouten zuvor ausspioniert", schildert Jörg Zenker. Beim Handgemenge am Gänstor sei dieser versehentlich von einem seiner eigenen Männer erschossen worden. Und beim Feuergefecht am Zeughaus habe es dann auch den Löwen erwischt, fügt er hinzu. Welche Seite für die Schüsse verantwortlich war, ist allerdings nicht bekannt. „Ich vermute, es waren die Bayern und nicht die Ulmer Stadtsoldaten", mutmaßt der Gästeführer mit einem Augenzwinkern.

So geht's zum Löwen:

Das Portal befindet sich am Löwenbau des Zeughauses, das vom Gänstor über die nördlich führende Zeughausgasse erreicht werden kann.

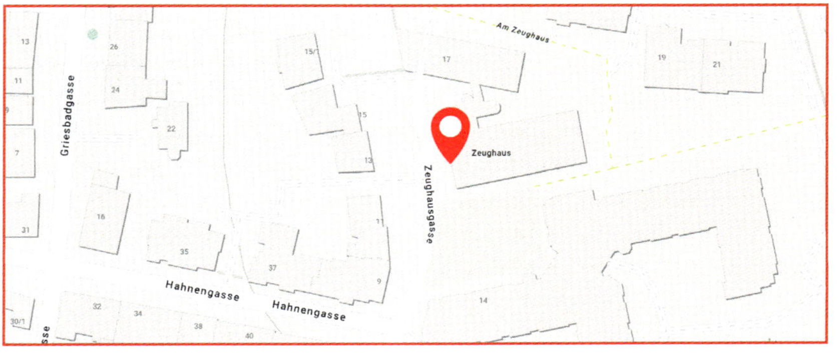

Am Portal eines Seiteneingangs neben dem Haupteingang finden sich viele dieser Relikte.

Zeichen

07

Mittelalterliche Signaturen

Das Ulmer Münster hat viele Geheimnisse. Eines davon sind die kleinen Gravuren, die auf den Steinen des sakralen Bauwerks angebracht sind: sich kreuzende Linien, Kreise, Buchstaben und viele andere geometrische Formen. Einmal entdeckt, finden sich immer und immer mehr auf den im Münster verbauten Steinen. Und diese seien, meint Andreas Böhm, schon für sich gesehen interessant: „Einige der Steine sind älter als das Münster selbst", weiß der Steinmetz. Und damit sei nicht das geologische Alter gemeint, sondern die Verwendung der Steine als Baumaterial. „Die hellen und rechteckigen Quader stammen aus dem Vorgängerbau des Münsters, der *Pfarrkirche über Feld*. Diese bestand bis ins Jahr 1377 vor den städtischen Mauern, wurde dann abgerissen und die Steine für den Bau des Münsters verwendet."

Die im Gotteshaus verbauten Materialien seien auch aus einem anderen Grund spannend: „Bemerkenswert ist, dass das Münster nicht nur aus Natursteinen besteht – sondern vor allem aus Ziegeln. Im Mittelalter waren diese aber nicht zu sehen, denn die Fassade war verputzt“, erklärt der Hüttenmeister, der sich um die Konservierung und Restaurierung des Ulmer Münsters kümmert und entsprechend viele Details rund um das Bauwerk kennt. Ein Beispiel: „Oberhalb der Besserer-Kapelle am südlichen Chorturm hat sich der Baumeister verewigt“, verrät er. Als

Hüttenmeister Andreas Böhm steht vor den alten Quadern der „Pfarrkirche über Feld“. Darüber sind auch Spuren von Maschinengewehr-Salven aus dem Zweiten Weltkrieg zu sehen.

kleine Figur „hängt“ dieser am Fenstergesims des Chorumgangs. Nicht weit davon entfernt sind im Gemäuer zudem – einer ganz anderen Zeit entstammend! – Spuren von Maschinengewehr-Salven aus dem Zweiten Weltkrieg zu sehen.

So kennt der Steinmetz auch die kleinen Gravuren auf den Steinen, die sich an einem Portal nördlich des Haupteingangs besonders zahlreich finden lassen – und er weiß, was es damit auf sich hat. „Die eingemeißelten Symbole sind Steinmetzzeichen und werden als eine Art Signatur der Handwerker verstanden“, erklärt Andreas Böhm die Bedeutung der Gravuren. Der Bestand sei von Reinhard Wortmann erfasst und von Claudia Eckstein in *Die Steinmetzzeichen des Ulmer Münsters* veröffentlicht worden. Demnach sind die Gravuren überall am Münster verteilt, sei es innen oder außen, in Bodennähe oder in luftigen Höhen, sei es im Chor, am Mittelschiff, an den Seitenschiffen oder am Turm. Und der Zweck? Ganz banal: Die Steinmetzzeichen dienten zur Abrechnung, nach Fertigstellung des Steins seien diese vom jeweiligen Bearbeiter in die Außenseite geschlagen worden. Entsprechend gibt es am Münster sehr viele Exemplare der gleichen Steinmetzzeichen – dabei konnten etwa 900 verschiedene Signaturen dokumentiert werden.

Karl Friedrich erklärt in seinem Buch *Die Steinbearbeitung in ihrer Entwicklung vom 11. bis zum 18. Jahrhundert* die Entwicklung der Symbole: In der Frühgotik erhielten Handwerker bei Kirchen- und Klosterbauten als Bezahlung zunächst Tagelohn in Form von Naturalien, meist landwirtschaftliche

Produkte oder andere Tauschwaren. Mit den Kreuzzügen im 11. und 12. Jahrhundert wandelte sich diese Vorgehensweise jedoch, denn große Mengen an Gold und Silber erreichten den Westen, der Vorrat an gemünztem Geld wuchs. Die wirtschaftlichen Veränderungen führten zu neuen Formen der Lohnauszahlung: Diese erfolgte nun bar und nach Stückzahl, was die Kontrolle der Anzahl der gefertigten Steine erforderlich machte. Die Steinmetze markierten ihre Produkte daher mit individuellen Zeichen wie Buchstaben oder geometrischen Figuren. Die Markierung beschränkte sich oftmals auf die oberste Lage eines Steinstapels, der im Verlauf eines Tages produziert worden war.

„Nicht zu verwechseln sind die Zeichen mit Versetzzeichen", merkt der Steinmetz an. Vor allem im Kirchenbau dienten diese – oftmals römische Ziffern – als Anleitungen, in welcher Reihenfolge die Steine zu verbauen waren: noch mehr in Stein gearbeitete Gravuren also. Als sei die Zahl der dokumentierten Stellen, an denen sich die Zeichen der Handwerker am Ulmer Münster befinden, nicht ohnehin schon schwindelerregend hoch: „Mehr als 8.000 Steinmetzzeichen sind dokumentiert", beziffert Andreas Böhm die Zahl der „mittelalterlichen Signaturen". So schwer kann es also nicht sein, eine solche Gravur am Eingangsportal zu entdecken – oder?

So geht's zu den Zeichen:

Die Zeichen befinden sich in der Portalwand am nördlichen Seiteneingang auf der Westseite des Münsters. Dort gibt es viele gut erhaltene Exemplare.

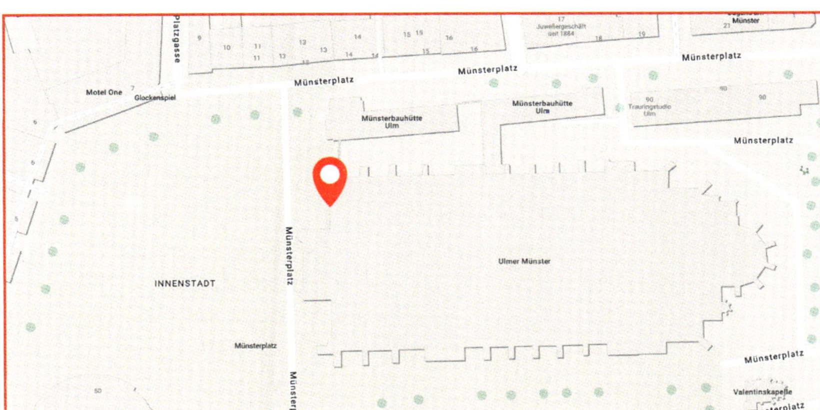

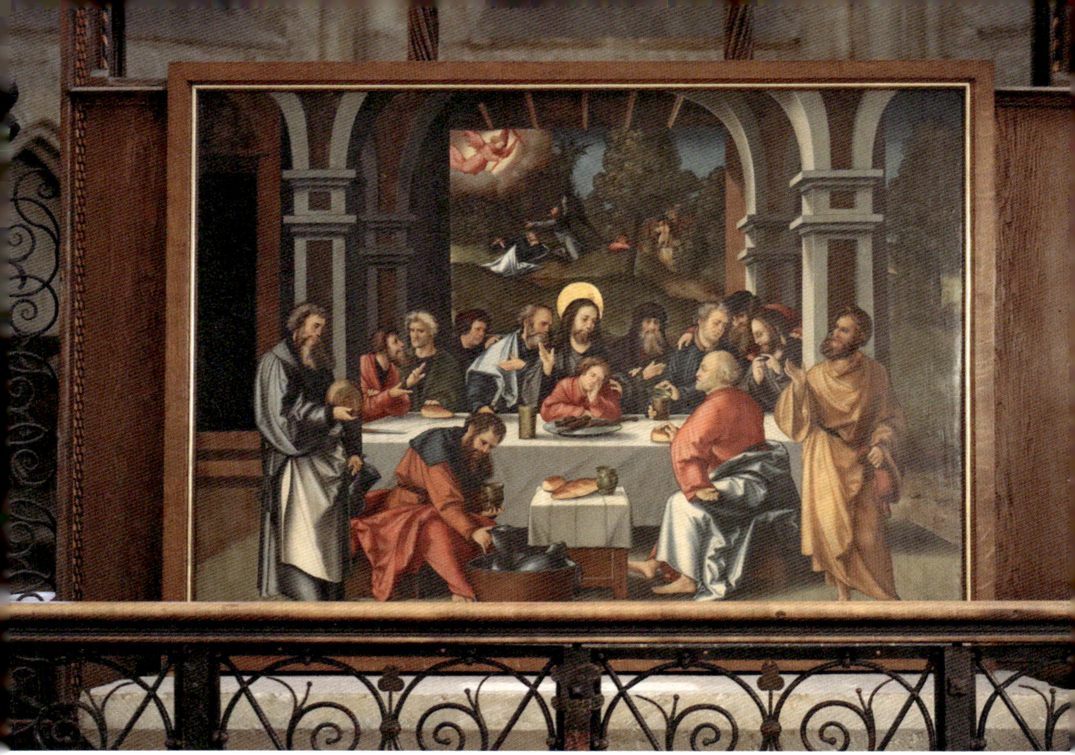

08

Gemälde

Ein Mann zu viel

Es ist eines der berühmtesten Gemälde der Welt: *Das letzte Abendmahl* von Leonardo da Vinci (1452-1519). In Anlehnung an das renaissancezeitliche Wandgemälde, das sich in Mailand befindet, zeigt auch das Kunstwerk im Ulmer Münster aus dem 16. Jahrhundert die berühmte Szene. Am Kreuz- und Seelenalter unter dem Chorbogen angebracht, führt es den Moment vor Augen, als Jesus seinen Jüngern mitteilt, er werde von einem unter ihnen verraten werden. Wie auch bei da Vincis Gemälde sitzt Jesus in der Mitte der langen Tafel, umgeben von seinen Jüngern. „Zwölf Jünger und ein Jesus ergibt dreizehn Personen", rechnet Pfarrer Peter Schaal-Ahlers zusammen. Doch: Auf dem Gemälde sind vierzehn Menschen dargestellt. Hat sich der Künstler etwa beim Malen verzählt?

„Das Werk stammt von Hans Schäufelin", erklärt der Pfarrer. Anfang des 16. Jahrhunderts war Hans Schäufelin (um 1482 - um 1540) als Geselle in die Werkstatt Albrecht Dürers (1471-1528) gekommen. Danach ging er auf Wanderschaft durch Tirol und Meran und arbeitete unter anderem in Augsburg für die Werkstatt des Malers Hans Holbein der Ältere (um 1465 - um 1524). Sein eigenes Atelier gründete er möglichweise in Nördlingen, wo er für Kirchen und Klöster viele Aufträge ausgeführt hat, darunter im Jahr 1515 die Darstellung des letzten Abendmahls für das Ulmer Münster – mit 14 Personen. Verzählt hat sich der renommierte Künstler mit Sicherheit nicht. Dennoch: Es gibt eine Person zu viel in der dargestellten Bibelszene. „Der Künstler hat sich selbst mit ins Bild gemalt", verrät der Ulmer Pfarrer und stellt die entscheidende Frage: „Aber welche Person ist es?"

Viele, denen er diese Frage stellt, würden den Mann im gelben Gewand am rechten Bildrand verdächtigen, berichtet Schaal-Ahlers. „Das ist falsch. Gelb war damals eine negative Farbe, und der Geldsack in der Hand entlarvt den Dargestellten als Judas." Durch seine Position am Rand des Gemäldes werde schon angedeutet, dass er aus dem Kreis der Jünger ausgeschieden war.

Ein Tipp des Geistlichen hilft weiter: „Der gesuchte Mann ist nicht gerade

Bild oben: Hat der Künstler sich verzählt – oder warum finden sich beim letzten Abendmahl 14 Personen?

Bild unten: Pfarrer Schaal-Ahlers deutet die Geste an, welche den „vierzehnten Mann" entlarvt.

der Bescheidenste – und er ist der Einzige, den Jesus direkt anschaut." Es ist also der Mann mit Halbglatze und rotem Gewand, der Jesus auf der anderen Seite der Tafel gegenübersitzt. Seine eine Hand liegt auf dem Brot, während die andere – geöffnete Hand – zum Betrachter zeigt.

„Dass sich um 1500 Künstler selbst in Gemälden verewigten, war üblich", erklärt der Ulmer Pfarrer. Was aber hat es mit der sonderbaren Geste auf sich? Der Geistliche kann das Rätsel lösen: „Es heißt, der Künstler habe Ärger mit dem Rat der Stadt gehabt, denn dieser wollte ihm zu wenig Geld für das Bild geben." Deshalb habe er sich selbst gemäß dem Motto „Bezahlt mir, was mir zusteht" mit dieser Geste auf dem Bild dargestellt. Bescheiden sei der Künstler auch deswegen nicht, merkt der Pfarrer an, weil er sich in dieser Szene im Herzen der Erzählung der Heiligen Woche befindet.

Andererseits hat es der Künstler auf diese Weise geschafft, das vielfach rezipierte, kopierte und neu interpretierte Gemälde des italienischen Malers zum Unikat werden zu lassen: als Abendmahlsszene mit vierzehn – statt dreizehn – Personen.

So geht's zum Gemälde:

Das Werk des Künstlers Hans Schäufelin hängt im Ulmer Münster unter dem Chorbogen am Kreuz- und Seelenaltar.

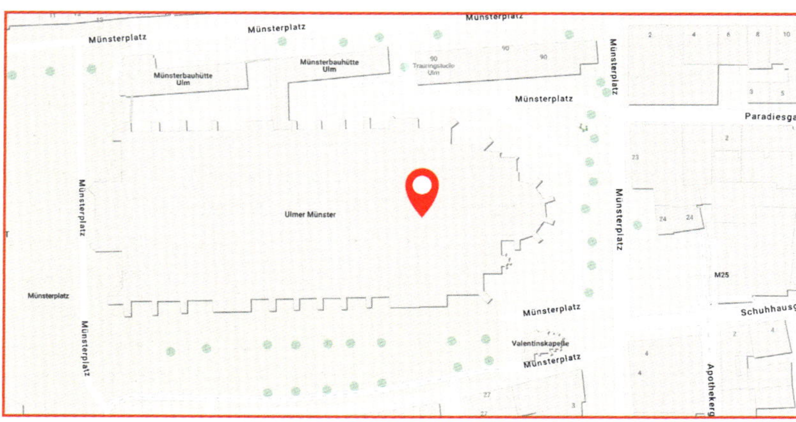

Vom nördlichen Ende der Metzgergasse ist die Wetterfahne gut zu sehen, weiß der ehemalige Oberbürgermeister Ivo Gönner.

09

Valentinsfahne

„Zu katholisch"

Der Klassiker der Zierelemente unter den Wetterfahnen ist – und bleibt – der Hahn. Ein sehr ungewöhnliches Motiv auf einer Wetterfahne ziert hingegen ein schmales Fachwerkhaus in der südlichen Altstadt. Eine sehr grausame Darstellung zudem: Sie zeigt einen Mann mit einem großen Schwert, der gerade im Begriff ist, einen Knienden zu enthaupten.

„Man mag sich fragen, welche Bewandtnis es damit hat", sagt der ehemalige Oberbürgermeister Ivo Gönner und gibt einen ersten Hinweis: „Die Fahne zeigt die Enthauptung des heiligen Valentin. Die Geschichte der Wetterfahne steht dabei in Zusammenhang mit der Valentinskapelle – und auch mit der Reformationsgeschichte." Die besagte Kapelle, deren Geschichte bis in das Jahr 1457/58 zurückreicht, steht noch heute südöstlich des Münsters. „Der Ulmer Patrizier Heinrich Rembold hat sich dort eine dem heiligen Valentin geweihte

Kapelle als Familiengrablege errichten lassen", fährt der Politiker und Jurist fort. Zu diesem Zeitpunkt habe sich das kleine Gotteshaus an der Ostseite des im 16. Jahrhundert aufgelassenen Münsterfriedhofs befunden. An die Patrizier-

Grausam! Weil er als Priester heimlich Liebende getraut hat, musste der heilige Valentin dafür mit dem Leben bezahlen.

familie erinnert heute noch das mehrfach an der Kapelle angebrachte Wappen – ein schwarzer Ochse mit silbernem Vorderfuß.

„Die Valentinskapelle spiegelt als Gebäude die geschichtliche Entwicklung Ulms sehr gut wider. Ursprünglich war es eine private Familiengrabstätte, doch mit der Reformation im Jahr 1530/31– die Ulmer Bevölkerung hatte sich ja nach einer Volksabstimmung mit großer Mehrheit für den reformierten Glauben entschieden – endete diese Nutzung", erklärt Ivo Gönner den Hintergrund. „Obgleich der Bildersturm im Münster zurückhaltend war, ist der Bau selbst in die reformierte spätevangelische Kirche übergegangen. Und dann spielte die Kapelle plötzlich keine Rolle mehr." Fortan diente das einstige Gotteshaus einem pragmatischen Zweck: „Die Valentinskapelle wurde als Lagerraum für Schmalz genutzt, weshalb sie im Volksmund heute auch als ‚Schmalzhäusle' bekannt ist." In späterer Zeit sei dort auch Bier gelagert worden.

„Die Wetterfahne kommt im 19. Jahrhundert ins Spiel", fährt der ehemalige Oberbürgermeister fort. Denn als 1859 der Zeichenlehrer Eduard Mauch (1800-1874) die Kapelle erwirbt und sie der städtischen Stiftungspflege überlässt, beginnt 1862 deren Restaurierung unter der Leitung des Bauingenieurs Ferdinand Thrän (1811-1870). Statt der Erhaltung der spätgotischen Bausubstanz schwebt ihm allerdings „eine Erneuerung der Kapelle im Sinne eines romantischen Mittelalterideals" vor, wie Gudrun Litz in *550 Jahre Valentinskapelle* schreibt. Unter anderem lässt Thrän die Sakristei an der nördlichen Chorwand abreißen und erneuert die Türe, die zur ehemaligen Grabgruft führt. Doch nicht alle Pläne des Ingenieurs werden umgesetzt – beispielsweise, was die Wetterfahne für die Kapelle betrifft. Die Darstellung der Enthauptung des heiligen Valentin lehnt der Stiftungsrat als „zu katholisch“ ab.

Nachdem die Kapelle schließlich in den Besitz der Evangelischen Münstergemeinde übergegangen war, zog 1994 die Russisch-orthodoxe Gemeinde ein, welche die Kapelle bis heute für repräsentative Zwecke nutzt. Die Wetterfahne hingegen hat schon 1882 den Weg auf das Dach des Fachwerkhauses in der südlichen Altstadt gefunden.

„Der heilige Valentin ist natürlich als Patron der Liebenden bekannt“, erklärt Ivo Gönner und macht darauf aufmerksam, dass dem Heiligen auch andere Patronate zugesprochen werden: „Auch bei Fallsucht – also Epilepsie – sowie bei anderen Krankheiten wird der Heilige um Hilfe ersucht.“ Bekanntheit erlangte Valentin schließlich durch sein Wirken als Priester in Rom, wo er – trotz des erlassenen Verbots des Römischen Reiches – christliche Liebespaare getraut haben soll. Zur Strafe wurde er am 14. Februar 269 hingerichtet. An seinen Einsatz für die Liebe erinnert der Valentinstag, während die grausame Bestrafung noch heute durch die Wetterfahne – mit ihrer mehr als ungewöhnlichen Motivauswahl – im Gedächtnis bleibt.

> „Der heilige Valentin ist natürlich als Patron der Liebenden bekannt.“

So geht's zur Valentinsfahne:

Die Enthauptung des heiligen Valentin ist auf der Wetterfahne des Hauses Unter der Metzig 20 in der südlichen Altstadt dargestellt.

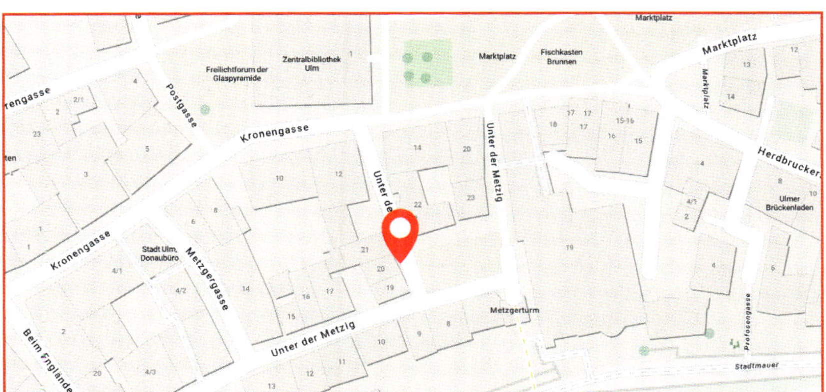

10

Einlasstor

Mit der Zille ins Fischerviertel

Keinen Herzensmenschen fürs Leben gefunden? Noch keine Kinder? Die Lebensjahre hingegen summieren sich ungebremst? Da kann schnell Panik überhandnehmen, genauer gesagt: Torschlusspanik. Zu spät kommen will keiner, das war auch im Mittelalter schon so. In diesem Fall ist die Redewendung allerdings buchstäblich zu verstehen: Waren die Tore zur Stadt einmal geschlossen, bedeutete das eine Nacht außerhalb der schützenden Mauern. Was das mit der Stadtmauer entlang der Donau zu tun hat, kann Historiker Dr. Wolf-Henning Petershagen erklären, denn früher sah das Nordufer des Flusses ganz anders aus.

„Die mittelalterliche Befestigung führte vom Fischerturm an der Donau südwestlich des Schweinmarkts (vulgo Saumarkt) über denselben und über die beiden Blauarme zur Staufermauer. Die Häuslesbruck ist ein Rest davon. Das heißt, der östlich davon gelegene Teil des Fischerviertels, also der Bereich vom Schiefen Haus, der Ulmer Münz, dem Zunfthaus und dem Fischerplätzle, lag damals noch außerhalb der Stadtmauer", erklärt der Historiker. „Erst 1480 wurde die Donaustadtmauer, die heute noch das Stadtbild prägt, gebaut – und zwar *in* die Donau. Die Befestigung stand also im Wasser." Der heutige Uferweg existierte noch nicht. „Erst mit der Entfestigung nach den Napoleonischen Kriegen am Beginn des 19. Jahrhunderts verlandete dieser Bereich." Denn durch den Abriss der massiven Bastion Lauseck beim Kobelgraben wurde deren Erdreich flussabwärts ans Ufer geschwemmt. „Mit dem Bau der Kanalisation Ende der 1920er-Jahre wurde die Uferlandschaft endgültig gestaltet", begründet der Journalist und Buchautor das heutige Landschaftsbild.

Wie das Donau-Ufer hingegen im Spätmittelalter ausgesehen hat, schildert Felix Fabri (um 1438-1502) in seiner Stadtbeschreibung aus den Jahren 1488/89: Die in die reißende Strömung des Flusses gebaute „neue Mauer" sei zehn gemeine Fuß (ca. drei Meter) dick und erstrecke sich 660 Schritt (ca. 480 Meter) bis zur weiter östlich liegenden Brücke über die Donau. Die Stadtmauer diene dem fortifikatorischen Nutzen bei der Verteidigung gegen Angreifer,

Bild oben: Dr. Wolf-Henning Petershagen zeigt auf den Einlass, von dem nur noch der obere Teil zu sehen ist. Darüber befand sich einst der Einlassturm.
Bild unten: Weitere Schwibbögen der einstigen Durchlässe von der Donau ins Fischerviertel haben sich entlang der Donaumauer erhalten.

schreibt der spätmittelalterliche Geschichtsschreiber weiter. Sieben Vorwerke und Bollwerke mit turmartigen Spitzen und Schießscharten würden es ermöglichen, sich mit Geschossen gegen den Feind zu verteidigen. Zudem seien an der Außenwand Haken befestigt, an denen Schutzmatten aufgehängt werden könnten, welche die Mauern vor Beschädigung durch feindliche Geschosse schützen. Zusätzlich, erklärt Felix Fabri, halte das Mauerwerk nicht nur den Strom davon ab, in die Stadt zu fließen, sondern auch die Blau, in das Flussbett der Donau zu strömen. Durch vier Öffnungen in der Mauer, so genannte Schwibbögen, floss die Blau in die Donau. „ Und durch einen dieser Bögen sind die Zillen durchgefahren, denn innerhalb der Donaustadtmauer, östlich vom Fischerplätzle, befand sich ein kleiner Hafen“, erläutert Petershagen. Die Schiffe für den Fernverkehr, die so genannten „Ulmer Schachteln“, begannen ihre Reise weiter donauabwärts am Schwal, der östlichen Spitze der Donauinsel.

Die vier Blauausflüsse in der Stadtmauer, der letzte davon kurz vor der Herdbrücke, sind auf einem kolorierten Holzschnitt von Hartmann Schedel (1440-1514) aus dem Jahr 1493 zu sehen. Links davon ist ein weiterer Durchlass erkennbar. Das war das Einlasstor, von dem noch heute der obere Teil aus dem Erdreich ragt. Darüber erhob sich der Einlassturm. „Der stand *auf* der Mauer“, fährt Wolf-Henning Petershagen fort, im Gegensatz zum weiter östlich gelegenen „Dicken Turm“, der *vor* die Mauer gestellt worden war. Dessen achteckiger, mit Sitzbänken gesäumter Rest dient heute den Spaziergängern als Aussichtsplattform.

> „Der Durchlass beim Turmwächter war außerdem der Nachteingang.“

Den Einlassturm beschreibt auch Felix Fabri: Darin wohne ein Wächter, der „ständig lauscht“. Denn wollten Menschen von der anderen Flussseite in die Stadt kommen, holte er diese mit seiner Zille ab – natürlich gegen Bezahlung. „Der Durchlass beim Turmwächter war außerdem der Nachteingang“, erklärt der Historiker. Durch den seien diejenigen eingelassen worden, die sich verspätet hatten und nach Schließung der Tore eintrafen – oder Boten mit dringenden Nachrichten. Somit hatten diese Nachzügler eine letzte Gelegenheit, sich hinter den schützenden Mauern einzufinden.

Solche „Einlass“ genannten Nachtzugänge sind auch in vielen anderen Städten belegt, wenn auch der Zutritt stets mit Kosten verbunden war. Im Jahr 1843 wurde der Einlassturm schließlich abgebrochen. Nicht etwa, weil er baufällig geworden war, sondern aus Gründen, die dem damaligen Zeitgeist geschuldet waren: „Das Biedermeier war die Zeit der Spaziergänge", erklärt der Journalist und Buchautor, „und die Stadtmauer war schon damals eine beliebte Promenade." Die führte allerdings durch die engen Pforten des auf der Mauer sitzenden Einlasstores. Die Frage, wer dabei wem den Vortritt gestatten müsse, führte immer wieder zu Konflikten. Dieses „ehrenkäsige" Verhalten, wie im Schwabenland gerne dazu gesagt wird, habe dazu geführt, dass der Turm zum öffentlichen Ärgernis wurde – und daraufhin abgebrochen worden sei. Nun war es den Spazierenden möglich, ohne bauliches Hindernis auf der Stadtmauer zu flanieren – bis heute. Eine Steintafel, die in den Turm eingelassen war, befindet sich heute an der Nordwand des Museums Ulm in der Neuen Straße. Dieser zweite Überrest des Einlasstores erinnert an die Herren, welche 1480 „den ersten Stein an diesem Bau" gelegt hatten.

Wer also Torschlusspanik hat, sollte sich zum Donau-Ufer begeben. Allerdings nicht, um späten Einlass in die Stadt zu erhalten, sondern um bei einem schönen Spaziergang am Flussufer zufällig seinem „Menschen fürs Leben" zu begegnen …

So geht's zum Einlasstor:

Östlich des Fischerplätzles sieht man nach wenigen Metern in der Stadtmauer den Rest des schmalen Einlasstors aus dem Boden ragen. Die Fallgatterführungen sind noch erkennbar.

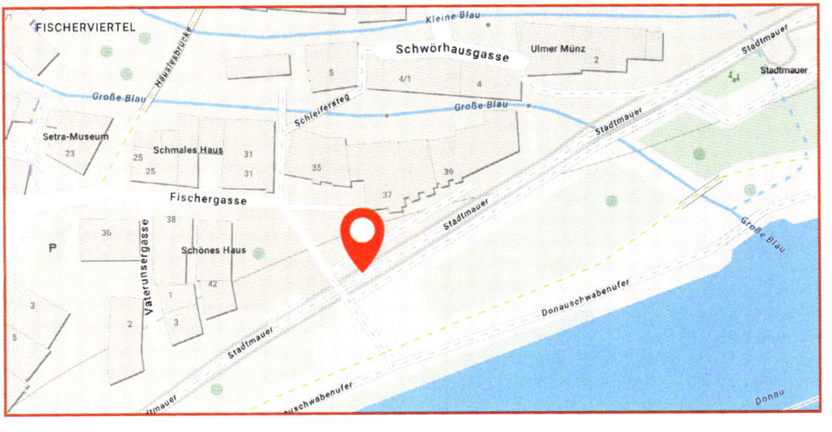

11

Grabstein

Nicht am ursprünglichen Ort

„Die Rabengasse ist eine meiner Lieblingsstraßen in Ulm", schwärmt Ulrike Häufele. Kein Wunder, denn das Gässchen mit seinen mittelalterlichen Giebelhäusern, kunstvollen Werbeschildern an den Häusern sowie deren begrünte Fassaden besticht – mit Blick nach Süden sogar mit dem Münster im Hintergrund – durch seine Idylle. Da passiert es schnell, dass der kleine Stein übersehen wird, der am Haus Nummer 7 im ersten Obergeschoss in die Hauswand eingelassen ist. Bei genauerem Hinsehen sind darauf hebräische Schriftzeichen auszumachen, die das Relikt als jüdischen Grabstein zu erkennen geben.

„Es ist der Grabstein der Jüdin Hanna", erklärt die Gästeführerin, die sich seit mehr als 25 Jahren mit der Geschichte der Juden in Ulm beschäftigt. Die hebräische Inschrift besagt, dass Hanna, die Tochter eines Rabbis, am 9. Januar 1344 verstorben ist. Der Name des Vaters ist nicht eindeutig zu entziffern, vermutlich handelt es sich um einen Gelehrten namens Nathan. „Das bedeutet, Hanna war Mitglied der ersten jüdischen Gemeinde in Ulm, die vor dem ersten Pogrom am 30. Januar 1349 in der Stadt angesiedelt war", erklärt Ulrike Häufele. Denn ausgehend von der Provence begann um Ostern 1348 eine Vertreibungswelle, die sich bis nach Ulm erstreckte, wie Christian Scholl in seiner Dissertation *Die Judengemeinde der Reichsstadt Ulm im späten Mittelalter* schildert. Zu diesem Zeitpunkt lebte die jüdische Gemeinde seit mindestens einem Jahrhundert in der Donaustadt, wie die erste urkundliche Erwähnung der Juden aus dem Jahr 1241 belegt. Einrichtungen des alltäglichen Lebens – wie die Synagoge und das Tanzhaus – sind ebenfalls schriftlich überliefert, wie auch die Friedhöfe der Gemeinde.

„Es gab im Laufe der Zeit verschiedene jüdische Friedhöfe", fährt die Ulmerin fort. Wo diese gelegen haben, konnte allerdings nur indirekt rekonstruiert werden: Knochenfunde, die bei Grabungsarbeiten während der 1950er-Jahre entdeckt wurden, lieferten entscheidende Hinweise: „Der erste Friedhof der jüdischen Gemeinde befand sich an der Kreuzung der drei Straßen Keltergasse, Wengengasse und Stern-

Während das Relikt heute sichtbar ist, sollten zur Zeit der Nationalsozialisten die damals angebrachten Fensterläden den Stein bewusst verdecken.

gasse", erklärt die Kennerin der jüdischen Geschichte. Durch die Stadterweiterung 1316 sei jedoch am Ort des Friedhofs das „Neutor" gebaut worden.

Mit dem Pogrom 1348/49 wird die jüdische Gemeinde gewaltsam aus der Stadt verbannt. Zwar kehren viele Mitglieder wieder zurück in die Donaustadt, doch werden diese im Jahr 1499 endgültig aus der Reichsstadt vertrieben. Erst 1828 – mit dem Erlass des „Emanzipationsgesetzes", das unter anderem eine freie Niederlassung der Juden im Königreich Württemberg ermöglichte –, bildete sich in Ulm wieder eine Gemeinde jüdischen Glaubens. 1853 erwarb diese eine Parzelle auf dem Alten Friedhof, der heute eine romantische Parkanlage ist. Einige Denkmäler haben sich trotz der Zerstörung im Zweiten Weltkrieg erhalten, darunter auch die jüdischen Grabsteine der Großeltern des Physikers Albert Einstein (1879-1955). Mit Auflassung des Alten Friedhofs im Jahr 1899 wurde seitdem der Neue Friedhof als Grabstätte genutzt.

Gästeführerin Ulrike Häufele steht in einer der schönsten Straßen Ulms, in der sich das Relikt befindet.

Die Standorte der jüdischen Grabstätten sind bekannt, aber die im Stadtbild verteilten Stücke werfen dennoch Fragen auf. „Die Geschichte der jüdischen Grabsteine gleicht einem Kriminalfall", erklärt die Gästeführerin und erläutert, warum: „Etwa 30 Exemplare sind wieder aufgetaucht: mal im Straßenpflaster, mal in Zweitverwendung als Grundsteinlegungsrelief des Münsters oder in Häuserfassaden eingebaut und wieder verschwunden." Heute gebe es noch zwölf solcher Steine. „Der älteste jüdische Grabstein ist im südlichen Chorturm des Münsters aufgestellt und gehört zu einer Frau Bellet aus dem Jahr 1243." Über den Namen ließen sich Rückschlüsse auf die Herkunft der Verstorbenen ziehen: „Bellet ist ein altfranzösischer Frauenname. Besonders im 13. Jahrhundert sind viele Juden aus Frankreich gekommen, nachdem sie von König Philipp II. August vertrieben worden waren.“ Außerdem verweise der Grabstein darauf, dass die ersten Juden in Ulm bereits um 1200 in der Stadt ansässig waren und es einen zeitgleichen Friedhof gegeben haben muss Nicht alle Exemplare sind im Münster jedoch an den Wänden aufgestellt – ganz im Gegenteil: „Viele jüdische Grabsteine wurden zum Bau des Münsters verwendet“, erklärt die Gästeführerin. „Im Jahr 1543 wurde der Hauptturm in einer Höhe von 70 Metern mit solchen Steinen geschlossen. Als dieser im 19. Jahrhundert nochmals um 90 Meter aufgestockt wurde, fand der damalige Münsterbaumeister Ferdinand Trän diese Grabsteine.“ Ulrike Häufele zitiert aus einem Artikel des *Ulmer Intelligenzblattes* dessen Wor-te zu seiner Entdeckung: „Es habe das christliche Gewissen nicht im Mindesten irritiert, dass der höchste Turm der Christen mit jüdischen Steinen zugemauert worden sei.“

Solche Wiederverwendungen waren keine Seltenheit, allerdings nicht immer aus pragmatischen Gründen – wie im Fall des „Stocker-Steins“: Der Stadtarzt Johannes Stocker (um 1455-1513) ließ einen hebräischen Grabstein umarbeiten und an seinem Haus anbringen. Auch wenn sich die Rückseite als Materialbasis für ein Wappenrelief gut eignete, argumentiert Christian Scholl in seiner Dissertation zur Geschichte der Juden im Spätmittelalter, wollte der Arzt damit „den Sieg der christlichen Ärzte über die jüdische Konkurrenz dokumentieren“.

„Wie der Stein der Jüdin Hanna an die Fassade des Hauses in der Rabengasse gekommen war, ist nicht überliefert“, fährt die Gästeführerin fort. „Ich nehme an, dass er schon sehr lange – seit Jahrhunderten – dort weilt.“ Christian Scholl hat dazu zwei Theorien: Es könnte sich entweder um ein apotropäisches, also ein Unheil abwehrendes Objekt handeln. Oder – und das sei der wahrscheinlichere Fall –, der Stein gelte als eine Art Siegestrophäe. Denn das Anbringen an dieser Stelle mit Zurschaustellung der hebräischen Schriftzeichen spreche gegen einen baulichen Zweck. Die Nutzung solcher Grabsteine als „Siegestrophäe über das Judentum“ sei vor allem im Fall der Schändung des jüdischen Friedhofs in Regensburg im Zuge des Pogroms von 1519 nachgewiesen. Ein solcher Grabstein wurde in diesem Zusammenhang vermutlich als Trophäe mitgenommen und in der nie-

„Wie der Stein der Jüdin Hanna an die Fassade des Hauses in der Rabengasse gekommen war, ist nicht überliefert.“

derbayerischen Stadt Straubing an einer Hausfassade in der Innenstadt vermauert.

„Das Schänden der Friedhöfe ist eine schlimme Tat. Für die Gemeinde ist dieser Ort sehr bedeutend und für Angehörige des jüdischen Glaubens ist es besonders furchtbar, denn durch das Entwenden der Grabsteine wird die ewige Totenruhe gestört. Gemäß dem jüdischen Glauben darf ein Grab niemals zweimal belegt werden“, erklärt Ulrike Häufele als Kennerin der jüdischen Geschichte in Ulm die religiösen Hintergründe.

Auch wenn nicht mehr nachvollzogen werden kann, wie der Stein seinen Weg an die Hausfassade gefunden hat, so sollte das spätmittelalterliche Relikt heute nicht einfach nur als Mahnung verstanden werden, sondern vor allem auch als ständige Erinnerung an die grausame Geschichte der Judenverfolgung sowie die vielen Einzelschicksale, die ein tragisches Ende fanden – selbst nach dem Tod.

> „Durch das Entwenden der Grabsteine wird die ewige Totenruhe gestört.“

So geht's zum Grabstein:

Das Relikt hängt im ersten Obergeschoss an der Wand des Haus Nr. 7 in der Rabengasse, die vom Münster nach Norden in die Herrenkellergasse führt.

Die Dolinen wurden vielfach als schutzwürdige Geotope ausgewiesen und stellen somit Naturdenkmäler dar.

Doline

12

Ein Berg voller Ge(o)heimnisse

Eigentlich ist es nur ein Loch im Boden. Was könnte daran spannend sein? „Es ist ein geowissenschaftliches Phänomen, das typisch für das Karstgebirge der Schwäbischen Alb ist", gibt Dr. Herbert Birkenfeld Auskunft über die trichterförmigen Senken, die auf dem Gelände der Universität und des daran anschließenden Klinikums zu finden sind.

Der Geograf erklärt, wie es zu den Vertiefungen im Boden kommt: „Die gesamte Schwäbische Alb besteht hauptsächlich aus Jurakalk – und somit auch das Gelände am Oberen Eselsberg, der zum ‚Weißen Jura' der Ulmer Alb gehört.

Da das System bereits Millionen von Jahren alt ist, gibt es im Kalk überall Spalten, Risse und Klüfte, die auch an Bruchlinien gebunden sind.“ Weil Schmelz- und Regenwasser aus der Luft, vor allem aber beim Durchsickern durch die Humusschicht des Bodens Kohlendioxid aufnimmt, bildet sich in einer chemischen Reaktion Kohlensäure. Sickert dieses Wasser nun durch die Spalten und Klüfte, setzt das kohlensäurehaltige Wasser Lösungsprozesse des Kalks in Gang. „Der Kalk löst sich langsam auf und wird vom Wasser fortgetragen – und die Klüfte und Spalten weiten sich, wodurch unterirdische Hohlräume einbrechen können.“ Dadurch würden sich an der Oberfläche solche Erdfälle bilden, die in den Geowissenschaften als „Dolinen“ bezeichnet werden.

Da die trichterförmigen Senken in Scharen auftreten, sind in der Umgebung mehrere solcher Dolinen zu finden. Nicht zu verwechseln seien die Erdfälle allerdings mit ähnlich aussehenden Mulden im Wald am Oberen Eselsberg: „Früher dachte man, diese Trichter dort seien ebenfalls Dolinen. Tatsächlich sind diese allerdings den Spreng- und Brandbomben des Luftangriffs auf Ulm vom 17. Dezember 1944 zuzuordnen.“

Der Eselsberg sei auch aus anderen Gründen geologisch sehr interessant, merkt der ehemalige Gymnasialrektor an und bezieht sich dabei auf spektakuläre Funde aus dem Tertiär: „Beim Bau der Uniklinik und vor allem der Westtangente wurden durch Grabungen weit über 10.000 Wirbeltierreste aus dem Untermiozän, also vor etwa 22 Millionen Jahren, erschlossen. Funde in dieser Vielfalt sind deutschlandweit einmalig für das Tertiär.“ Ein Highlight sei der gut erhaltene Unterkiefer eines löwengroßen Bärenhundes, der im Naturmuseum Ulm ausgestellt ist. „Der Ulmer Eselsberg ist mit seinen Funden bundesweit ein tertiärer Hotspot.“

„Der Ulmer Eselsberg ist mit seinen Funden bundesweit ein tertiärer Hotspot.“

Der Geograf Herbert Birkenfeld kennt aber noch ein anderes „Ge(o)heimnis“, das während des Baus der Universität und des Bundeswehrkrankenhauses entdeckt wurde: „In den Baugruben wurden ‚kindskopfgroße‘ Flussschotter gefunden, abgelagert von der Ur-Donau im Pliozän vor fünf Millionen Jahren.“ Kurz gesagt: Die Donau floss ursprünglich mal auf dem Oberen Eselsberg. Durch Hebung und Schrägstellung der Albtafel rutschte die Donau dann allerdings mit der Zeit immer weiter nach Süden in ihr heutiges Flussbett ab.

Während viele weitere Zeugen der Erdgeschichte – seien es Flussschotter oder Fossilien – unter der Oberfläche auf ihre Entdeckung warten, sind die Erdfälle auf dem Universitätsgelände gut sichtbar: „Auch wenn sie wenig spektakulär sind, so stellen Dolinen doch in vieler Hinsicht geheimnisvolle Fenster zur Erdgeschichte dar“, betont Herbert Birkenfeld. Dabei zeigen sie nur einen kleinen Ausschnitt, denn sie sind Ausläufer eines riesigen Höhlenkomplexes: „Vor wenigen Jahrzehnten ist ein Forscher in den Blautopf eingetaucht und hat das dahinter liegende Höhlensystem näher erkundet. Heutzutage weiß man, dass sich dieses System über viele Kilometer erstreckt.“ Sogar die ganze Schwäbische Alb sei von solchen mit Wasser gefüllten Hohlräumen durchzogen. „Der Prozess der Dolinenbildung ist noch nicht abgeschlossen. Die Lösungsvorgänge schreiten auch heute noch voran! Dieser chemisch-physikalische Prozess findet allerdings im Laufe großer erdgeschichtlicher Zeiträume statt“, beruhigt Herbert Birkenfeld. Die Universität und das Klinikum, wenn auch auf ein System aus Klüften und Spalten gebaut, würden an ihrem Standort sicher stehen.

So geht's zur Doline:

Die Doline liegt entlang des Fußwegs, der von der Südseite der Universitätsbibliothek zum Klinikum führt. Am Ende des Weges befindet sich ein weiterer Erdfall in dem an das Klinikum angrenzenden Waldstück.

Zu den drei „Hundsbrunzern“ haben sich im Laufe der Zeit ein Stromkasten sowie ein moderner Quader hinzugesellt.

Hundsbrunzer 13

Bitte Abstand halten

Im Ochsengässle finden sich gleich drei „Hundsbrunzer“: In die Wand eines Hauses eingelassen, stehen die rechteckigen Steine etwa einen Meter voneinander entfernt. Auch wenn die historischen Relikte heute gerne von Hunden zum Setzen ihrer Duftmarken oder Pinkeln, also zum *Brunzen*, benutzt werden, hatten diese früher einen ganz anderen Sinn. „Damit Fuhrleute und Kutscher mit ihren Pferdewagen nicht zu nah an die Hauswände fuhren und diese mit ihren Rädern beschädigten, wurden solche Abweissteine gesetzt“, erklärt Anne Pröbstle die Funktion der Steine. Durch die rechteckigen Blöcke waren unvorsichtige oder ungeschickte Kutscher gezwungen, Abstand zu halten. Einige dieser Kalkquader haben sich bis heute erhalten, wie beim „Hotel Schiefes Haus“ im Fischerviertel. „Sie wurden unter anderem an Toreinfahrten großer Anwesen angebracht, vor allem aber in schmalen Gassen oder an scharfen Gebäudekanten“, fährt die Gästeführerin fort, für wartende Dienstboten seien die Steine damals eine willkommene Sitzgelegenheit gewesen. Von den einst mit Poliermühlen geglätteten Steinen haben sich einige erhalten, wobei die Oberfläche der historischen Relikte im Lauf der Zeit verwitterte – mitunter verursacht durch die Harnsäure der Tiere.

So geht's zum Hundsbrunzer:

In der südlichen Altstadt haben sich drei Exemplare dieser Pinkelsteine am Eckhaus im Ochsengässle Nr. 9 erhalten.

Dagmar Hub hat die Steinkonstruktion zufällig entdeckt, als Mitarbeiter der Stadt den Hang durch Baumarbeiten freigelegt hatten.

14 Quelle

Fließendes Heilmittelchen

„Mir ist die Quelle beim Spazierengehen zufällig aufgefallen, nachdem die Stadt an dieser Stelle den Boden etwas freigelegt hatte“, sagt Dagmar Hub. Dort, wo zuvor Bäume und Gebüsch samt Erdreich das Relikt verdeckten, war nun eine bogenförmige Ummauerung zutage getreten. Ausgekleidet mit weiteren Steinen, findet sich in der Mitte eine seltsame Figur, aus deren Maul gelegentlich ein kleines Rinnsal fließt. Mit den an den Seiten angebrachten Flossen – oder geöffneten Kiemen? – und den weit auseinanderstehenden Augen erinnert das Gesicht an einen Fischkopf, dessen oberer Teil in einer Muschelform ausläuft.

Das Thema Wasser scheint naheliegend zu sein, ziert die Figur doch den Abfluss einer kleinen Quelle. Und dies ist nicht der einzige Wasserlauf am Hang in der Böfinger Halde in Thalfingen:

„Im Wald sind jede Menge Quellen zu finden, die an manchen Stellen aus dem darunterliegenden Boden heraustreten", erklärt die Journalistin und Buchautorin. „Die ursprünglich zum Heilbad gehörige Quelle weiter östlich und oberhalb am Hang ist eine Ulrichs-Quelle, welche den ganzen Hang durchzieht. Meine Vermutung ist, dass sie zum Ensemble des alten Heilbades gehört und später irgendwann eingefasst wurde." Das Quellheiligtum, das einst dem heiligen Ulrich von Augsburg gewidmet wurde – wie viele mittelalterliche Quellen in Süddeutschland – ist nicht irgendein Wasserausfluss, sondern eine Heilquelle. „Neben dem Obertalfinger Schlösschen oberhalb des Hangs gab es ein altes Heilbad. Urkundlich ist es ab 1404 nachgewiesen, das heißt, es existierte sicherlich schon vorher", ergänzt die Autorin.

Eine schriftliche Quelle von 1475 nennt den Verkauf der Obertalfinger Heilbadanlage mit Gesundbrunnen samt Baumgarten, zwei weiteren Brunnen, einem großen Garten sowie einer Kapelle. Zwar veranlasste erst im Jahr 1540 der Ulmer Bürgermeister Eitel Eberhart von Besserer (gestorben 1575) den Bau des Schlosses in Obertalfingen, doch da beim Verkauf des Heilbads auch der zugehörige Burgstall – eine nicht mehr intakte Burg – verkauft wurde, ist gesichert, dass dort bereits vor dem Bau des Schlosses eine Burganlage existiert haben muss. Im Zusammenhang mit dem Schlossbau kaufte der Patrizier Besserer auch das Bad, das gemeinsam mit dem Schlossgut ein eingefriedetes Ensemble bildete. Das zum Baden verwendete Becken befand sich nahe dem Schloss, wo heute noch das in der Vergangenheit genutzte Kesselhaus existiert, welches sich – wie die Quelle auch – auf Privatgelände befindet. In jüngster Vergangenheit sind durch Arbeiten am Hang weitere Quellen zutage getreten.

Davon, dass das Wasser eine heilende Wirkung gehabt haben soll, berichtet unter anderem der Verleger Matthäus Merian (1593-1650): In seiner *Topographia Sueviae* aus dem Jahr 1643 beschreibt er – neben unzähligen anderen Orten – auch Thalfingen. Das Heilbad soll Linderung bei Müdigkeit, Zittern, Schwäche der Glieder und Nerven oder bei Verstopfung der Leber bewirkt haben. „Das Bad war so beliebt, dass viele zeitgenössische Persönlichkeiten hier ihre Krankheiten auskuriert haben", merkt Dagmar Hub an. Einer der Badegäste soll im Jahr 1495 Herzog Eberhard von Württemberg (1445-1496) gewesen sein, den der Stadtphysikus Johann Frank (1649-1725) in seiner chronologischen Auflistung wundersamer Heilungen seit dem 15. Jahrhundert nennt. „Auch eine Frau, die lange nicht schwanger wurde, soll nach ihrem Besuch im Heilbad kuriert gewesen sein", ergänzt die Journalistin die Liste denkwürdiger

Spontanheilungen. „Ein Dokument besagt allerdings, dass das Heilwasser nur den ‚Masten und Feisten' helfe, den ‚Mageren sei es nicht anständig'. Dünne Menschen sollten das Wasser also nicht trinken oder darin baden", schildert die

Unterhalb der mit einer Steinkonstruktion eingefassten Quelle befindet sich ein weiterer Ausfluss.

Journalistin die Überlieferung. Die Luft sei zudem wegen der Obstbäume, fruchtbaren Äcker und grünen Wiesen gesund, preist Johann Frank, und lade zum Lustwandeln ein.

Das Baden im Allgemeinen diente im Mittelalter nicht nur der Reinlichkeit, sondern hatte – neben geselligen Aspekten – eine medizinische Funktion. Bis ins 19. Jahrhundert kümmerten sich Bader und Barbiere um die Körperpflege und wundärztliche Versorgung. Neben prophylaktischen Behandlungen wie dem Aderlass konnten die Menschen in den Badeanstalten auch Haare an Kopf und Gesicht vom Barbier entfernen lassen. Und – der Geselligkeit wegen – wurden sie mit Speis und Trank sowie Unterhaltung versorgt. Kein Wunder also, dass für das Jahr 1489 in Ulm sieben öffentliche Bäder mit eigenen Quellen nachgewiesen sind. Aufgrund von Krankheiten wie der Syphilis bildete sich die Badekultur im 15. und 16. Jahrhundert jedoch zurück. Zudem verstärkte sich in späteren Zeiten die ärztliche Meinung, Baden sei kein empfehlenswertes Vorgehen, da das Wasser in den Körper eindringen und sich mit den Körpersäften vermischen könne.

„Irgendwann im 19. Jahrhundert wurde das Heilbad aufgelassen", fährt Dagmar Hub fort. Aus welcher Zeit die Quellen-Konstruktion stamme, sei allerdings schwer zu sagen. „Die Ummauerung trägt auf einem Stein die Jahreszahl 1914. Doch ich denke, die darunterliegende Verkleidung ist älter, vielleicht sogar barockzeitlich", vermutet die Autorin und ergänzt: „Außerdem befinden sich auf dem äußeren Bogen

Inschriften, doch kann ich mit den Namen nichts verbinden." Was es mit der Figur auf sich haben könne, stellt die Journalistin vor ein noch größeres Rätsel. „Das Dargestellte entspricht in keinem Fall dem Patrizierwappen der Besserer, denen das Schloss gehört hatte. Möglicherweise steht es in einem Zusammenhang mit dem Bad selbst", überlegt sie. „Das ist eigentlich das geheimnisvollste Stück, denn das ist komplett unerforscht. Bisher ist nichts darüber bekannt."

Durch die Arbeiten am Hang habe das Erdreich sogar noch mehr freigegeben: Ein paar Meter unterhalb tritt eine weitere, ebenfalls von Steinen umrandete Quelle aus dem Boden. Ob die Steine dort absichtlich platziert worden seien oder vom anstehenden Boden stammten, sei jedoch schwer zu sagen, überlegt Dagmar Hub, auch nicht, ob diese mit der anderen Konstruktion in Zusammenhang stünde.

„Wer weiß", fragt sich die Autorin, „welche baulichen Reste noch immer unter der Erdschicht liegen und in Zukunft wieder sichtbar werden?" Sicher ist jedenfalls, dass sich ein Spaziergang in der Böfinger Halde immer lohnt, wenn auch nur zum Lustwandeln inmitten der Obstbäume, fruchtbaren Äcker, und grünen Wiesen ...

So geht's zur Quelle:

Die Steinkonstruktion mit der Figur befindet sich in der Böfinger Halde. Wer dem in den Wald führenden Pfad gegenüber dem Obertalfinger Weg nach Südwesten folgt, entdeckt nach etwa 500 Metern eine hölzerne Bank, neben der sich das Relikt befindet.

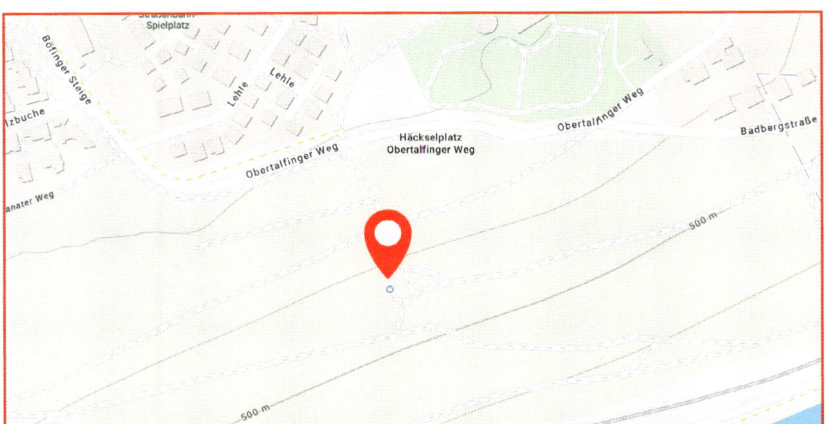

Pokal

15

Eine Familie, ein Wappen

Es dauert einen Moment, um zu verstehen, was auf dem steinernen Relief am Haus in der Kramgasse dargestellt ist. Bei genauerem Hinsehen sind die einzelnen Elemente jedoch zu erkennen: Ein Pokal mit Deckel ziert den schräggestellten Schild, auf dem ein Helm ruht. Aus diesem ragen als Helmzier zwei Arme heraus, die wiederum einen mit Federschmuck geschmückten Pokal in den Händen tragen. Was aber macht das sonderbare Wappen an dem Haus, in dem sich heute der Kunstverein Ulm befindet?

„Das Relief hängt am sogenannten Schuhhaus, das seinen Namen den Schuhmachern zu verdanken hat, die im Erdgeschoss ihre Waren anboten", erklärt Dr. Stefan Lang. „Im Laufe der Zeit hatte das Gebäude aber viele Nutzungen – bedeutend war vor allem die Nutzung des Schuhhaussaals im 16. Jahrhundert als Tanzsaal der Patrizier." Dort hätten die Geschlechtertänze als Element zur sozialen Abgrenzung stattgefunden. Insbesondere habe auch die nahe „Obere Stube" gegenüber vom Rathaus – sozusagen als „Vereinsheim der Patrizier" – dazu gedient, die Exklusivität des Patriziats gegenüber den reichen Kaufleuten zu verdeutlichen. „Die Patrizier waren der Adelsstand innerhalb der Stadt, die sich auf Augenhöhe mit dem Landadel gesehen haben. Sie konnten ebenfalls an Turnieren teilnehmen, untereinander heiraten – und führten wie der Landadel eigene Wappen." Und ein solches ziere das Haus in der Kramgasse. Zu welcher Familie dieses gehört, sei ganz eindeutig: „Der Pokal war Bestandteil des Wappens der Familie Besserer."

Bereits seit dem späten Mittelalter lebte das Patriziergeschlecht in der Stadt: „Das Geschlecht der Besserer ist seit dem 13. Jahrhundert in Ulm nachweisbar. Während der zweiten Hälfte des 14. Jahrhunderts sind sie nach ganz oben aufgestiegen. Die Besserer waren immer unter den *Top 3* der Patrizier", betont der Historiker die Relevanz der Familie. Der Geschichtsschreiber Felix Fabri listet in den 1480er-Jahren insgesamt 29 Familien auf, in der Reihenfolge nach Vornehmheit und politischer Bedeutung – mit den Besserer auf dem dritten Platz nach den Familien Krafft und Ehinger. Zu dem Patrizier-

Das Relief aus dem 19. Jahrhundert präsentiert das Wappen, das in farbiger Fassung einen silbernen Pokal auf schwarzem Feld zeigt.

geschlecht in der Donaustadt zählen herausragende Persönlichkeiten, darunter der militärische Führer Heinrich Besserer (gestorben 1372), der im Städtekrieg zwischen dem Schwäbischen Städtebund und den bayerischen Herzögen sein Leben ließ und dessen Figur beim vierjährigen „Fischerstechen“ gegen Graf Eberhard II. von Württemberg (gestorben 1392) antreten darf. Eine weitere Persönlichkeit, die das Geschick der Stadt Ulm mitbestimmte, war Bernhard Besserer (um 1470-1542). Nicht nur soll er ganze neun Mal das Amt des Bürgermeisters innegehabt – und zudem elf Fremdsprachen gesprochen – haben, sondern er war auch für die Reformation in Ulm bedeutend: „Bei der Entscheidung über die Einführung der Reformation in Ulm zählte Bernhard Besserer an vorderster Stelle zu den Patriziern, die sich für die Neue Lehre aussprachen“, schreibt Stefan Lang in seiner Publikation *Die Patrizier der Reichsstadt Ulm. Stadtherren, Gutsbesitzer und Mäzene*. Ende des 19. Jahrhunderts wird Bernhard Besserer im Figurenzyklus des Hofbildhauers Karl Federlin (1854-1939) an den Langhauspfeilern des Münsters verewigt – in der einen Hand Handschuhe, in der anderen eine Pergamentrolle haltend.

„Bei der Entscheidung über die Einführung der Reformation in Ulm zählte Bernhard Besserer an vorderster Stelle zu den Patriziern, die sich für die Neue Lehre aussprachen.“

Während es im 15. Jahrhundert noch etwa 20 bis 30 Geschlechterfamilien in der Donaustadt gibt, fluktuiert die Zahl im 16. Jahrhundert stark. In dieser Zeit veranlasst der Ulmer Bürgermeister Eitel Eberhart von Besserer (gestorben 1575) den Bau des Schlosses Obertalfingen als Familiensitz (siehe Geheimnis Quelle). Zuvor waren die „Besserer von Thalfingen“ nach anderen Besitztümern benannt, zuerst nach den Orten Rohr, Wattenweiler und Schnürpflingen. Bis ins 17. Jahrhundert reduziert sich die Anzahl der Patrizier in Ulm auf knapp unter 20 Familien. Weiterhin immer mit dabei: die Besserer.

„Im Jahr 1822 haben sie das Schuhhaus für die Familienstiftung erworben, um dort ihr Familienarchiv unterzubringen“, erklärt Stefan Lang. So habe das Wappen seinen Weg an diese Hauswand gefunden und sei dort auch verblieben, nachdem der Bau 1896 in den Besitz der Stadt übergegangen war. Das Wappen findet sich heute auch an anderen Standorten, beispielsweise auf der Außenseite der Besserer-Kapelle südlich des Chorraums des Münsters.

Durch die Mediatisierung am Anfang des 19. Jahrhunderts endet der Status Ulms als Freie Reichsstadt, was den Verlust der bisherigen Privilegien bedeutet – und damit endet auch die Geschichte des Ulmer Patriziats. Mit dem Tod der ledigen Martha Besserer (1891-1980) auf ihrem Schloss in Thalfingen stirbt die Ulmer Linie aus. „Heute gibt es in Ulm keine alten Geschlechterfamilien mehr", merkt der ehemalige Mitarbeiter des Stadtarchivs an, der heute Kreisarchivar für den Landkreis Göppingen ist. Geblieben sind allerdings die vielen Relikte, die an das Patriziat erinnern – wie das Wappen der Besserer am Schuhhaus.

„Heute gibt es in Ulm keine alten Geschlechterfamilien mehr."

Wie die Familie allerdings zu dem Pokal mit Deckel als Wappenfigur gekommen ist, kann sich der Historiker bis heute nicht erklären. „Möglicherweise handelt es sich um ein ‚redendes Wappen', bei dem der Bezug über ‚Becher' zu ‚Besserer' hergestellt werden könnte. Anders kann ich mir nicht erklären, warum sie sich einen Pokal, der früher als Trinkgefäß fungierte, ausgesucht haben." Der Turnierhelm mit Helmzier wiederum würde den Wappenträger als Angehörigen des Patriziats ausweisen – und somit die Familie nach unten abgrenzen, von der Bürgerschaft wie von reichen Kaufleuten.

So geht's zum Pokal:

Das Wappen hängt an der Hauswand des Schuhhauses in der Kramgasse 4, am östlichen Ende des Münsterplatzes.

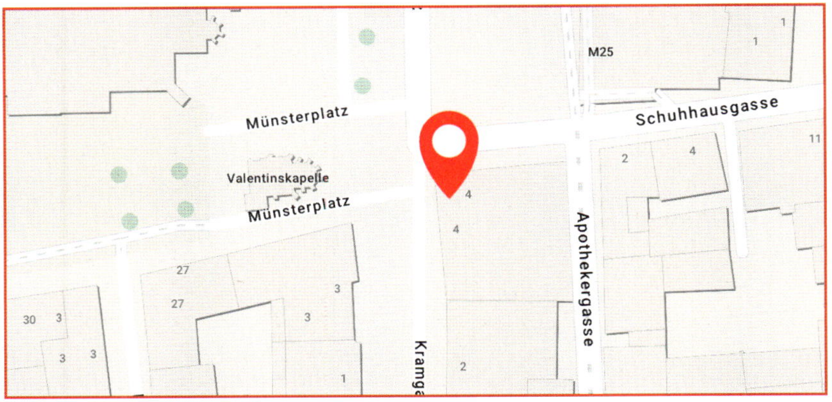

Steinkeile

16

Ist das Kunst?

Unauffälliger könnten die beiden steinernen Kunstobjekte – inmitten des steinernen Turms – eigentlich nicht platziert sein. Zwar fällt bei näherer Betrachtung auf, dass sich die Stelen farblich von ihrem Hintergrund abheben, aber aus architektonischer Sicht werfen sie an dieser Stelle des Durchgangs Fragen auf. Doch wer schaut schon genauer hin, zumal die Installation seit dem Jahr 1980 dort verharrt? „Die Steinkeile werden von der Ulmer Bevölkerung kaum als Kunstwerk wahrgenommen“, bestätigt Dr. Herbert Birkenfeld. Die Gründe dafür sind – zugegeben – naheliegend.

Umso erstaunlicher ist, dass das Werk von keinem unbekannten Künstler geschaffen wurde: von Ulrich Rückriem, geboren am 30. September 1938 in Düsseldorf. „Er absolvierte zunächst eine Steinmetzlehre und arbeitete danach an der Dombauhütte Köln“, fährt der ehemalige Gymnasialrektor fort. „Später war er als Professor an verschiedenen Hochschulen tätig und hat unter anderem viermal an der *documenta* teilgenommen. Zudem präsentierte er seine Kunst in großen Einzelausstellungen.“ Und schließlich zähle Rückriem, für den das Material und der handwerkliche Prozess im Mittelpunkt der Kunst stünden, zu den bedeutendsten zeitgenössischen Bildhauern.

Wie aber kommen die aus Stein gehauenen Stelen nach Ulm in den Tordurchgang des über 37 Meter hohen Gänstors, das um 1350 als Torturm der mittelalterlichen Stadtmauer angelegt wurde – und als einziges von fünf mittelalterlichen Stadttoren erhalten blieb? „Rückriem beteiligte sich 1980 anlässlich der Landesgartenschau in Baden-Württemberg in Ulm und Neu-Ulm mit seiner *Ulm 1979* genannten Installation“, erklärt Birkenfeld. Viele seiner Werke werden als Kunst im öffentlichen Raum präsentiert und stets ist Stein das Material seiner Wahl, sei es in Bochum, Freiburg, Münster – oder Ulm.

„Das Material ist *Anröchter Stein*, ein Kalkstein aus der Soester Börde in Westfalen“, erklärt der Geograf, ein Stein, der zu 64 Prozent aus Kalziumkarbonat und 31 Prozent aus Quarz bestehe – und nicht, wie oft fälschlicherweise beschrieben, ein Dolomit sei. „Die Arbeitsweise von Ulrich Rückriem war es, die Objekte aus dem Stein

Bild oben: Dr. Herbert Birkenfeld steht zum Größenvergleich neben der – nicht unumstrittenen – Installation.
Bild unten: Das Material stammt aus dem Erdzeitalter der Oberkreide und ist somit circa 90 Millionen Jahre alt.

herauszuarbeiten, in diesem Fall handelt es sich um zwei Keile, die aus einem kubischen Steinblock gespalten, geschnitten und dann verändert wurden." Die beiden sich gegenüberstehen Stücke seien gleich gestaltet, sodass die Einzelteile, zusammengefügt, wieder ein Objekt ergeben würden. „Leider ist der Werkstein sehr empfindlich: Das Salz im Winter greift bereits den Boden an", bedauert er. Zudem würden Verunreinigungen wie Graffiti die Objekte nicht unbedingt präsentabel erscheinen lassen.

Wer sich weniger für die Moderne und mehr für historische Objekte interessiert, kann sich im Gänstor stattdessen den benachbarten Steinen widmen: „Der Unterbau des Turms wurde aus den Buckelquadern der alten staufischen Stadtmauer geschaffen", erklärt der Geograf. Seinen Namen hat das Tor übrigens, so beschreibt es der spätmittelalterliche Geschichtsschreiber Felix Fabri (um 1438-1502), weil es den Namen des Tieres erhalten sollte, das als erstes durch dieses Tor aus- oder eingeht: Sofort sei eine Gänseherde gekommen, die das Tor als Ausgang auf die Weide an der Donau benutzte.

Was das Kunstwerk selbst betrifft, so scheiden sich letztlich die Geister. Mancher mag sich fragen: Ist das überhaupt Kunst? „Gerade in der heutigen Zeit sollte der Minimalist, der so nah an der Natur bleibt und sich zugleich formalästhetisch von ihr abgrenzt und nachhaltig auf die Besonderheiten der Ressource Stein verweist, geliebt werden", schließt sich der Ulmer dem Artikel *Starke Steine* aus der „Kunstzeitung" an. Also, Ulm, aufwachen!

So geht's zu den Steinkeilen:

Die Installation des Künstlers Ulrich Rückriem befindet sich im Osten der Altstadt im Durchgang des Gänstors, der zum Donau-Ufer führt.

Die Ulmergasse ist in Ulm, führt aber nicht nach Ulm.

Ulmergasse 17

Kuriose Straßennamen

Viele Ulmer Straßennamen sind selbsterklärend. Die Stuttgarter Straße beispielsweise gibt den Weg zur Landeshauptstadt an, die Heidenheimer Straße zur Ortschaft an der Brenz, während die Böfinger und Söflinger Straße in die entsprechenden Stadtteile verlaufen. Die Ulmergasse führt also nach – Ulm?

„Der Straßenname ist bereits im Jahr 1360 verbürgt", erklärt Dr. Wolf-Henning Petershagen die überlieferten Hinweise. Auch im Jahr 1372 sei sie als „Ulmer Gassun" belegt und zählt somit zu den ersten in Ulm urkundlich nachgewiesenen Straßennamen. Das Wissen über den Großteil der anderen Straßen stamme hingegen teilweise aus späteren Steuerbüchern der Jahre 1427 und 1499: „Die Steuereintreiber folgten einer festgelegten Route durch die Stadt. Die Streckenabschnitte waren genau beschrieben durch Richtungsangaben wie ‚Gaß ab gen Peter Ungelter', also bis zum Haus des Peter Ungelter, teilweise durch Flur- und in manchen Fällen schon Gassennamen." Diese oft recht umständlichen offiziellen Gassen-Bezeichnungen für die Steuereinnehmer existierten zwar bis zum Ende der Reichsstadt, doch hätten sich daneben volkstümliche Gassennamen entwickelt, die im 19. Jahrhundert zu den offiziellen und heute noch gültigen Straßennamen wurden.

Diese inoffiziellen Namen bezogen sich zu einem großen Teil auf Gasthäuser, etwa die Hirschstraße, oder auf Badstuben – wie die Griesbadgasse. So sei die im Süden an die Ulmergasse grenzende Hirschstraße abgeleitet von der Fürstenherberge „Zum Goldenen Hirsch", einem großen Steinhaus mit Barockgarten und Gartenloggia, das im Zweiten Weltkrieg vollständig zerstört wurde. Die Griesbadgasse erinnert an das Griesbad. Diese Badstube befand sich „Auf dem Gries", was nichts mit dem Getreideprodukt gemein hat, sondern im 13. Jahrhundert den Donauschotter bezeichnete. Es handelt sich also um einen alten Flurnamen. Aus *in harena apud Ulmam* (bei Ulm auf dem Sand) wurde einige Jahrzehnte später *auf dem Gries*. „Manche Ulmer Straßennamen werden gründlich missverstanden", ergänzt Petershagen.

Die „Hafengasse" zum Beispiel führe nicht zu einem Hafen, sondern beziehe sich auf einen einst in ihrem Umfeld befindlichen Hafenmarkt: *Hafen* ist der schwäbische Ausdruck für Topf. Ein anderes Missverständnis betreffe eine ganz bestimm-te Straße: „In der Paradiesgasse östlich vom Münster existierte das Haus *Zum Paradies*, das durch eine Urkunde verbürgt ist", fährt der Historiker fort. Doch das sei nicht, wie immer wieder behauptet wird, ein Freudenhaus gewesen: „Dass dort ein Bordell gestanden hat, gehört in den Bereich der Sagen. Es gibt keinerlei Beweise dafür." Eine mögliche Erklärung für den Namen könnte die Fassadenbemalung gewesen sein. Diese soll nämlich, wie er für sein Buch *Ulms Straßennamen* recherchiert hat, Adam und Eva gezeigt haben.

„Dass dort ein Bordell gestanden hat, gehört in den Bereich der Sagen. Es gibt keinerlei Beweise dafür."

Häufig bezogen sich die Straßennamen auch auf die dort lebenden Anwohner. Damit sind wir wieder bei der Ulmergasse. Denn die ist nicht nach der Stadt Ulm benannt, was innerhalb derselben völlig unsinnig wäre, sondern nach der Patrizierfamilie Ulmer. Die beschreibt der spätmittelalterliche Geschichtsschreiber Felix Fabri in seiner Stadtbeschreibung von 1488/89: „Die Ulmer Familie, die Ulmer genannt wird, wird nach allgemeinem Zeugnis als sehr alt gepriesen. Nach ihr wird auch eine Straße, die Ulmergasse, genannt.“

Wie diese Familie den Namen der Stadt erhalten habe, ist Felix Fabri allerdings nicht ganz klar: „Einige sagen, dass das die ersten Bewohner des Dorfes Ulm gewesen seien. Andere sagen, sie hätten einst die Regierung in der Stadt innegehabt und seien gleichsam als deren Herren angesehen und deshalb Ulmer genannt worden. Andere sagen, dass sie einst von Ulm an andere Orte weggezogen sind und nach Verlust ihres Namens an den fremden Orten den Namen ihrer Stadt behielten, so wie es im Allgemeinen passiert, wenn jemand von einem Ort an einen anderen geht, dass er dann mit dem Namen des früheren Ortes oder seines Volkes oder seines Landes bezeichnet wird“, wie Folker Reichert Fabris Lateintext ins Neuhochdeutsche übersetzt hat. Wie die einst mächtige und reiche Familie ihre Stellung verlor, weiß Felix Fabri ebenfalls nicht. Den ältesten Steuerbüchern entnimmt der spätmittelalterliche Geschichtsschreiber allerdings, dass die Familie sehr alt sein müsse. Dafür spreche auch – die „Ulmergasse“.

„Einige sagen, dass das die ersten Bewohner des Dorfes Ulm gewesen seinen.“

So geht's zur Ulmergasse:

Die Straße liegt im Bereich zwischen dem Münster und dem Hauptbahnhof und führt von der Hirschstraße nach Norden bis zur Dreikönigasse.

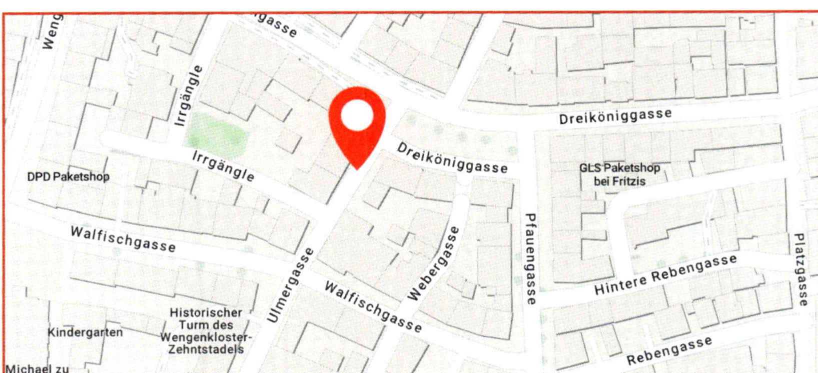

18

Gassenhaken

Zum Schutz der Stadt

Straße gesperrt! Wer in der Stadt unterwegs ist, sei es zu Fuß, auf dem Fahrrad oder mit dem Auto, kennt das Problem: Bauarbeiten, Unfälle oder Demonstrationen führen zu Straßensperrungen und Umleitungen. Das Durchfahrtsverbot bestimmter Straßen und Gassen ist aber keine moderne Erfindung, die erst mit dem motorisierten Verkehr aufgekommen wäre. Während heute weiß-rot gestreifte Absperrschranken die Weiterfahrt verhindern, wussten sich die Menschen in Zeiten, in denen das Pferd noch als Hauptverkehrsmittel galt, anders zu helfen. Relikte solcher Straßensperren sind die kleinen schmiedeeisernen Haken, die sich noch immer an manch einer Hauswand finden lassen: Für 1940 sind 15 dieser s-förmig geschwungenen Haken in Ulm belegt, heute sind es noch sieben. Wer diese ursprünglich wohl meist in einer Höhe zwischen einem und anderthalb Meter angebrachten Relikte aufspüren möchte, sollte an kleinen Gassen oder Tortürmen mit der Suche beginnen: wie hier am Gänstor.

„Die Geschichte der Gassenhaken reicht zurück bis in die reichsstädtische Zeit der Donaustadt", erklärt Dr. Gebhard Weig, „genauer gesagt bis ins 17. Jahrhundert, mitten in den Dreißigjährigen Krieg." Im März 1625 war Gottfried Heinrich Graf zu Pappenheim (1594-1632), der im Dreißigjährigen Krieg als General für die Katholische Liga und Kaiser Ferdinand II. unter dem Oberbefehl Wallensteins kämpfte, mit 1.100 Reitern in das Ulmer Gebiet vorgedrungen. Diese Bedrohung hat den Ulmer Rat wohl veranlasst, die Stadt besser zu sichern – mit schweren, eisernen Ketten: „Die Haken dienten zur Befestigung dieser Sperrketten, die an strategisch wichtigen Standorten den Zugang versperrten", erläutert der Historiker deren Funktionsweise und zeigt auf das Loch in der Mitte der Haken: „Die Kette wiederum konnte mit einem Schloss im Loch befestigt werden." Wenn Gefahr drohte, wurden die Ketten – wie hier am Gänstor – quer über den Durchgang beziehungsweise innerhalb der Stadt quer über die Gassen gespannt. Dazu wurden Haken und Sperrketten an den Eckhäusern von Gassen befestigt, die von den Hauptdurchgangsstraßen und

Bild oben: Nicht nur am Gänstor, sondern auch an anderen Standorten lassen sich die reichsstädtischen Relikte finden.
Bild unten: Dr. Gebhard Weig hält sich an einem der beiden übereinander in der Mauer verankerten Gassenhaken fest.

zentralen Plätzen abzweigten, den sogenannten „Kreuzgassen“. Durch das Absperren konnten die Truppenbewegungen bewusst gelenkt und somit Hauptdurchgangsstraßen sowie bedeutende Plätze geschützt werden. „Dieses innerstädtische Sicherungssystem der Sperrketten sollte auch die etwa bei einem Überfall in die Stadt eingedrungenen feindlichen Reiter daran hindern, weiter in die Gassen und Plätze der Stadt vorzustoßen“, erklärt Gebhard Weig, ehemaliger Mitarbeiter des Ulmer Stadtarchivs.

Solche Straßensperren befanden sich entlang der Frauenstraße an der Abzweigung des Seelengrabens sowie der Kornhausgasse. Zentralen Plätze – wie etwa der historisch bedeutende Weinhof – wurden in gleicher Weise durch Abriegeln der Zugänge gesichert: in diesem Fall durch Sperrung des westlichen Zugangs über den Weinhofberg sowie des südlichen Zugangs am Katharinenberg, über den heute die Treppen bergab in die Schwörhausgasse führen.

„Im Gegensatz zu den eingemauerten Gassenhaken haben sich die Ketten allerdings nicht erhalten“, bedauert Weig. Besonders seien die Haken aber auch deswegen, weil sich in anderen Städten – so in Regensburg, wo die Sperrketten bereits im 12. Jahrhundert genutzt worden sein sollen –, nur wenige Reste wie Ösen oder Kettenglieder erhalten haben. Die Ulmer Gassenhaken gelten dagegen, wie Otto Wiegandt in *Kleine Beiträge und Bilder aus dem alten Ulm* schreibt, als „originale Leistung des Ulmer Schmiedehandwerks“ und zieren noch heute an sieben Stellen das Stadtbild – allerdings ohne dabei die Straße zu sperren.

So geht's zum Gassenhaken:

Mehrere Exemplare finden sich am östlichen Ende der Innenstadt am stadtseitigen Durchgang des Gänstors.

Wieso kreuzt – direkt vor einer Kurve – eine rote Linie den Fuß- und Radweg an der Donau?

19

Backsteinreihe

Von Hamburg nach Tunis

Auf dem Papier ist es nur ein Strich: eine dünn gezogene Linie, welche die Grenze zwischen Ulm und Neu-Ulm sowie zwischen Bayern und Baden-Württemberg angibt. In der Realität ist es die Donau, die die beiden Städte – und Bundesländer – voneinander trennt. Und dort, genauer gesagt auf dem idyllischen Weg entlang des nördlichen Donau-Ufers, befindet sich eine weitere geografische Besonderheit. „In den Weg ist eine gepflasterte rote Backsteinreihe im Asphalt eingelassen", erklärt Dr. Herbert Birkenfeld. Im Jahr 2017 eingeweiht, sei die Pflasterung eigentlich keine geeignete Stelle für eine Markierung – mitten auf dem Fuß- und Radweg sowie unmittelbar vor einer Kurve. Doch die Markierung ist nur an diesem Ort sinnvoll, denn der Verlauf der Steinreihe ist alles andere als willkürlich gewählt: „Die Linie, die mitten durch Ulm führt, deckt sich mit dem 10. Längengrad östlich von Greenwich in London", erläutert der ehemalige Gymnasialdirektor, „damit bezieht sich die Backsteinreihe auf ein imaginäres Gittersystem, wie es erstmals vom griechischen Astronomen und Geografen Hipparch im 2. Jahrhundert vor Christus in groben Zügen entwickelt wurde." Wer sich das genauer anschauen möchte, sollte einen Abstecher einlegen: Das Chorgestühl im Ulmer Münster aus dem 15. Jahrhundert zeigt eine eindrucksvolle Büste des griechischen Astronomen und Mathematikers Claudius Ptolemäus (gestorben nach 160 n. Chr.) mit einer großen Erdkugel, auf der – und dies ist durchaus bemerkenswert – verschiedene Längen- und Breitenkreise deutlich erkennbar abgebildet sind.

„Somit liegt Ulm auf derselben geografischen Länge wie Hamburg und Würzburg."

Das System wurde im Jahr 1884 international festgelegt, mit der Sternwarte Greenwich in London als Nullmeridian. Von dort beginnt die Zählung der Meridiane – also der Halbkreise, die im Gittersystem vom Nordpol zum Südpol verlaufen. Und die Längengrade geben dabei jeweils den westlichen oder östlichen Abstand zum Nullmeridian an. Ulm befindet sich mit dem 10. Grad östlicher Länge 738 Kilometer innerhalb der östlichen Hemisphäre. „Somit liegt Ulm auf derselben geografischen Länge wie Hamburg und Würzburg. Von hier verläuft der Meridian dann über die Donau nach Neu-Ulm und weiter bis zur tunesischen Hauptstadt Tunis", merkt der promovierte Geograf an. Von dort führe die imaginäre Linie dann bis zum Südpol weiter.

Doch bekanntlich braucht es immer zwei Koordinaten, um einen Punkt zu definieren: „Ulm liegt außerdem zwischen dem 48. und 49. Breitengrad", fährt der Ulmer fort, „genauer gesagt liegt das Zentrum bei 48° 24‘ 3.96 N gemäß der GPS-Koordinate." Ausgehend vom Äquator als Bezugspunkt gibt die zweite Koordinate also die Entfernung in nördlicher oder südlicher Richtung an, womit Ulm 5.388 Kilometer nördlich des nullten Breitengrads liegt. Der Bezugspunkt in Greenwich ist jedoch nicht nur für das Koordinatensystem relevant, sondern auch für Datum und Weltzeit: Während von dort die *Greenwich Mean Time* – ohne Versatz – läuft, befinden wir uns in Deutschland sozusagen eine Stunde in der Zukunft – und während der *Sommerzeit* sogar zwei.

Um am Ende noch ein bisschen Verwirrung aufkommen zu lassen: Je nach Maßeinheit in „Dezimalgrad",

„Grad und Minuten" oder „Grad, Minuten und Sekunden" ändert sich die Angabe der Koordinaten für jeden Punkt auf der Karte, entsprechend dem genutzten Koordinatensystem. Das weltweit definierte System *WGS84* gilt jedoch als Bezugssystem für die meisten GPS-Empfänger. „Die Vermessung der Erde ist – und bleibt – eine schwierige Angelegenheit. Durch das satellitengestützte ‚Global Positioning System' (GPS) ist jedoch vieles einfacher geworden", bestätigt der Geograf. Um auftretende Probleme zu verdeutlichen, sei auf das „Küstenlängen-Paradoxon" verwiesen: Je nachdem, welcher Maßstab beim Vermessen eines Küstenabschnitts angelegt wird, verändert sich das Ergebnis. Das heißt: Je feiner gemessen wird, desto länger wird die Küste. Würde also ein 10-Zentimeter-Maßband zum Vermessen des Donau-Ufers genutzt werden, wäre die Summe größer als bei einem 1-Meter-Stab. Denn mit einem genaueren Messwerkzeug könnte jede Ecke und Kante entlang des Ufers, beispielsweise die Außenlinie eines unförmigen Steins, Eingang in das Messergebnis finden – und würde somit die Küstenlänge erhöhen.

Wer es nicht glaubt: selbst nachmessen. Oder auch nicht. Vielleicht lieber die idyllische Donau bei einem Spaziergang genießen und über den 10. Längengrad steigen.

So geht's zur Backsteinreihe:

Die rote Backsteinreihe befindet sich auf dem Donauweg unterhalb des Berblinger Turms beziehungsweise der Adlerbastei zwischen der Gänstorbrücke und der Herdbrücke.

Bockgasse
MOMMO'S
PASTA & PIZZA

20

Kirchenfenster

Jede Menge Überraschungen

„Schon als Student ist mir das Gebäude aufgefallen“, sagt Dr. Max Stemshorn. „Das Haus war im Krieg teilzerstört und wurde in den 1950er-Jahren wiederaufgebaut. Es ist mir aufgefallen, dass die Rückseite des Gebäudes die Form eines gotischen Kirchenchors hat.“ Noch einige Jahre sollten verstreichen, bis der Architekt das Haus nach langem Warten und glücklichen Umständen sanieren würde.

Im Jahr 2011 ist es dann so weit: Max Stemshorn findet einen Investor, überzeugt die Eigentümer davon, das Gebäude zu verkaufen, und übernimmt die Sanierung des Baus, in dem sich einst die alte Dreikönigskirche befunden hat. Wie diese um 1600 ausgesehen hat, deuten heute unter anderem die an der Nordseite aufgemalten Umrisse der ehemaligen Kirchenfenster an.

Doch während der Arbeiten an dem einstigen Gotteshaus offenbart sich dem Architekten und Stadtplaner mehr als nur ein ungeahntes Geheimnis. „Die Dreikönigskirche stammt aus dem Jahr 1352 und ist somit sogar älter als das Münster“, beschreibt er den zu Beginn der Sanierungsarbeiten bekannten Hintergrund des Gotteshauses. Gestiftet sei die Kirche von der Patrizierfamilie Krafft, die dort auch ihre Grablege gehabt habe. Die Familie gilt als eines der bedeutendsten Geschlechter in Ulm, weswegen dem ehemaligen Bürgermeister Lutz Krafft (ca. 1330-1397) auch die Ehre zuteilwurde, im Jahr 1377 den Grundstein des Münsters zu legen. „Um 1600 folgten dann maßgebliche Umbauten an der Dreikönigskirche. Zu der Zeit wurde die katholische Kirche infolge der Reformation nur noch für Familienandachten genutzt. Umso interessanter ist es, dass die Familie Krafft sich entschied, die Fassade des Gotteshauses prachtvoll in Formen der Spätrenaissance umzugestalten.“

Doch das im Laufe der Jahrhunderte baufällig gewordene Bauwerk wurde im 19. Jahrhundert schließlich verkauft und als Brauereikeller genutzt. „Dann wurde die Kirche in ein Wohnhaus umgebaut. Es wurden Decken eingezogen und die alten Kirchenfenster vermauert. Im Erdgeschoss zog das legendäre Café Schmid ein, das *Dreikönigscafé*, das heute ebenfalls nicht mehr

Als Architekt Dr. Max Stemshorn im Jahr 2014 mit den Sanierungsarbeiten begann, ahnte er noch nicht, welches Geheimnis auf seine Entdeckung wartete.

existiert“, merkt der Architekt an. Nur eine um 1905 eingebaute Stuckdecke habe sich von dem Café erhalten. Sie wurde im Zuge der Sanierungsarbeiten wieder freigelegt und schmückt heute ein Nebenzimmer des in dem Gebäude untergebrachten Restaurants. „Im Lauf der Sanierung wurde deutlich, dass von dem im Krieg teilzerstörten und wiederaufgebauten Gebäude fast die gesamte Bausubstanz der Gotik und der Renaissance erhalten geblieben war“, fährt Max Stemshorn fort. „Vom westlichen Kirchturm existierte allerdings nur noch ein Stumpf – der baufällige Turm war schon 1837 abgetragen worden.“

„Bei den Sanierungsarbeiten sind wir im Mauerwerk auf einen Naturstein, der auf besondere Art behauen war, gestoßen.“

Wie der sakrale Bau nach der opulenten Umgestaltung um 1600 ausgesehen hat, machte der Architekt und Stadtplaner durch das aufgemalte Mauerwerk und die Umrisse der Kirchenfenster an der Nordseite wieder sichtbar. „Die ehemalige Höhe der Kirche wird zudem durch die Traufkante angezeigt“, erklärt Max Stemshorn.

Als sei die Entdeckung, wie viele originale Bauteile der Kirche erhalten geblieben waren, nicht aufregend genug, offenbarte sich im Keller ein großes Geheimnis. „Es war bekannt, dass sich im Keller die Gruft der Familie Krafft befand“, fährt der Ulmer fort, „die steinernen Grabplatten wurden bereits während der Nutzung des Gebäudes als Brauereikeller aus der Grablege entfernt.“ Wohin diese gebracht wurden, sei nicht vollständig dokumentiert, scheinbar fanden einige ihren Weg ins Münster. Die Wände der ehemaligen Gruft hielten allerdings eine Überraschung für den Architekten und Stadtplaner bereit: „Bei den Sanierungsarbeiten sind wir im Mauerwerk auf einen Naturstein, der auf besondere Art behauen war, gestoßen. Natürlich haben wir uns sofort gefragt: Was hat es damit auf sich?“

Was der Architekt bei seinen Recherchen herausfindet: Es muss einen noch älteren Vorgängerbau der Kirche gegeben haben! „Schon vor 1169 stand dort eine Kapelle – und wir haben die Spuren dieses Baus gefunden!“, freut sich Max Stemshorn. Dass dieses Gotteshaus bereits vor dem besagten Jahr dort gestanden hat, bestätige eine Quelle aus dem 18. Jahrhundert. „Wir be-finden uns somit in der Zeit der Staufer. Bei der überlieferten Zerstörung der Stadt im Jahr 1134 wurde die Kapelle vermutlich ebenfalls stark in Mitleidenschaft gezogen, denn wir haben im alten Mauerwerk Hinweise auf einen historischen Gebäudebrand gefunden. Die Familie Krafft hat also wahrscheinlich eine Ruine übernommen und darin eine neue Kirche samt Grablege aufgebaut.“ Für ebenjene Gruft verbauten die Patrizier wohl ein Bauteil des romanischen Vorgängerbaus: „Der Stein deutet mit seiner Profilierung darauf hin, dass er wahrscheinlich Bestandteil eines Rundbogens über dem Altar war.“ In der Gruft habe das Relikt dann eine zweite Verwendung als Mauerteil gefunden.

„Die erste, romanische Kapelle stammt also aus einer Zeit vor 1169. Daraus entstand im Jahr 1352 die von der Familie Krafft gestiftete Kirche.“

„Die erste, romanische Kapelle stammt also aus einer Zeit vor 1169. Daraus entstand im Jahr 1352 die von der Familie Krafft gestiftete Kirche. Und um 1600 nimmt die Patrizierfamilie viel Geld in die Hand, um daran eine Prachtfassade anzubringen. Im 18. Jahrhundert wurde das einstige Gotteshaus schließlich baufällig und später in ein Wohnhaus um-gebaut, in das auch das berühmte Café einzog“, fasst der Architekt die Geschichte des Gebäudes zusammen. Und heute? In reduzierter Form zeigt der Komplex an, wie das Gotteshaus nach der opulenten Fassadengestaltung durch die Kraffts einst ausgesehen hat, mit Chor und Turmanbau auf der Ostseite sowie den hohen Kirchenfenstern, die heute – auf die Fassade gemalt – die Nordseite schmücken.

So geht's zum Kirchenfenster:

Die ehemalige Dreikönigskirche befindet sich in der östlichen Altstadt in der Frauenstraße 30. Von der Bockgasse aus sind die Kirchenfenster gut zu sehen.

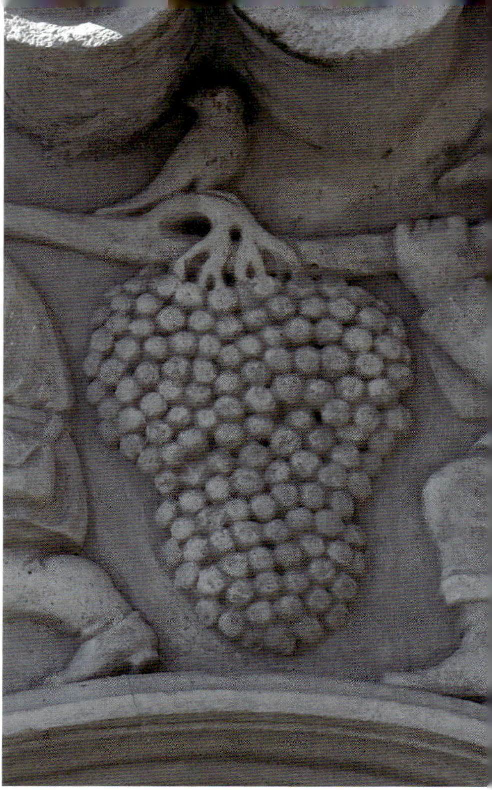

Stefan Brändel steht auf dem Weinhof, auf dem einst bis zu 800 Fässer pro Woche gehandelt wurden.

21 Weintraube

Gaumenfreude – oder übles Gesöff?

Dass im Weinhof ein Relief mit einer überproportional großen Weintraube hängt, die von zwei Männern getragen wird, überrascht wenig. Schließlich befand sich hier lange ein Umschlagplatz und Lager für die von Händlern über Fluss und Land gehandelten Weine. Erstaunlich ist hingegen, dass in Ulm nicht nur mit dem edlen Tropfen Handel getrieben, sondern der Wein auch in der Donaustadt angebaut wurde. Die entscheidende Frage dabei lautet allerdings:

Schmeckt das überhaupt? Stefan Brändel kann Auskunft geben.

„Bevor ab dem 17. Jahrhundert auf den Ulmer Hügeln Hopfen angebaut wurde, betrieben die Menschen dort Weinbau", bestätigt der Diplom-Biologe. Beide Gewächse – sowohl die Weinrebe als auch der Hopfen – seien alte Nutzpflanzen, die in der Donaustadt mittlerweile nicht mehr bewirtschaftet würden. „Im Botanischen Garten an der Universität werden die alten Kulturpflanzen allerdings heute noch angebaut", fährt der Biologe fort, der in der wissenschaftlichen Grünanlage am Eselsberg Führungen gibt. „Beispielsweise die Weberkarde. Ein Kardengewächs, das der Laie als eine Art Distel bezeichnen würde. Es wurde zum ‚Bürsten' von Stoffen genutzt." Aber auch Hanf sowie Flachs seien angepflanzt worden – und eben Wein.

„Viel wichtiger als der Weinanbau war der Handel damit. Durch die Lage an der Donau konnte durch wertvolle Waren, die bis nach Regensburg, Linz, Wien, Budapest oder in andere große Städte verschifft wurden, der ganze Reichtum überhaupt entstehen." Zudem bestand ein Anschluss an das Fernstraßennetz in viele europäische Städte wie Straßburg und Lyon sowie nach Prag, Mailand, Florenz, Venedig und Barcelona. Mehr als zwei Drittel des Warenverkehrs wurden jedoch über die Donau transportiert. „Eine wertvolle Ware war beispielsweise der ‚Barchent', ein Flanellstoff aus Leinen und Baumwolle", merkt der Ulmer an. Doch auch der Handel mit Wein, der bis ins neunte Jahrhundert zurückdatiert, hatte für Ulm lange Zeit große Bedeutung. Ein Beleg dafür sei, so schreibt Eugen Nübling Ende des 19. Jahrhunderts in *Ulms Weinhandel im Mittelalter*, die vermutlich von Faimingen bei Lauingen an der Donau kommende Römerstraße: die „Weinsteige".

In der Antike beginnt auch die Geschichte des Weinbaus in Deutschland: So förderte Kaiser Probus (232-282 n. Chr.) während seiner Regentschaft den Weinanbau in den römischen Provinzen. Bereits der Geschichtsschreiber Plinius der Ältere (23/24-79 n. Chr.) notierte im 1. Jahrhundert n. Chr., dass für den Weinbau in rauerem Klima sogar Neuzüchtungen entwickelt worden seien.

Spätestens im Mittelalter bauten die Menschen die Pflanze fast deutschlandweit an – in Ulm spätestens ab der Stauferzeit vom 11. bis ins 13. Jahrhundert, vor allem aber während des 15. und 16. Jahrhunderts. „Die südlichen Hänge des Michelsbergs oder Eselsbergs boten einen sonnigen – und somit günstigen – Standort", fährt der Biologe fort. Auch in einer Urkunde aus dem Jahr 1462 ist von Weingärten in der Böfinger Halde die Rede. Vor allem das Augustinerkloster, das im 12. Jahr-

Blick auf den Weinhof. Neben Weinen gab es einen gewürzten Most, den „Rappas", der bis zum Ende des 15. Jahrhunderts als Arznei verwendet wurde.

hundert auf dem Michelsberg gegründet und später in die Stadt verlegt wurde (siehe Geheimnis Miniaturkirche), sowie das Klarissen-Kloster in Söflingen befassten sich mit dem Weinbau. Die Bürger hingegen vereinigten sich in einer Weingärtner-Bruderschaft, die bis zum Jahr 1817 bestand.

Der Handel spielte sich auf dem Weinhof ab, der während des 15. und 16. Jahrhunderts seine Blütezeit erlebte: Der spätmittelalterliche Geschichtsschreiber Felix Fabri (um 1438-1502) hält bereits in seiner Stadtbeschreibung von 1489 fest, dass auf dem Weinmarkt, dem *forum vini*, an manchen Tagen bis zu 300 Karren und Wagen stünden, die mit Wein beladen seien. Er glaube nicht, dass es in Deutschland einen ähnlichen Weinmarkt gebe, wo so viel Wein auf den Fuhrwerken angeboten und verkauft werde. Noch vor der Mittagszeit sei alles verkauft – gegen große Summen. Denn der Wein sei nicht mit „Hellern, Pfennigen oder Kreuzern gekauft, sondern gegen Gulden und böhmische Groschen", – also mit in Böhmen geprägten Silbermünzen, die wegen ihres hohen Feinsilbergehalts sehr geschätzt waren. „Es heißt, es seien bis zu 800 Fässer in der Woche verschifft worden", staunt Stefan Brändel.

Der Weinhof diente zudem als Lager: Bevor die Heiligkreuzkapelle im Jahr 1612 zugunsten des städtischen Schwörhauses abgerissen wurde, lagerten die Fässer darin, denn mit der Reformation 1535 war das Gotteshaus zum Weinstadel profaniert. Ein Großteil des Weines, so berichtet Wolf-Henning Petershagen in *Die Ulmer Donauschifffahrt im 19. Jahrhundert*, sei donauabwärts verschifft worden: So beschreibt im Jahr 1550 ein Mautner aus Straubing, dass von 151 Wasserfahrzeugen 130 ausschließlich mit dem edlen Getränk beladen seien. Die Weine selbst kamen zunächst aus dem Oberland, also Oberschwaben, sowie dem Unterland, der alt-württembergischen Neckar-Region. Das führt zurück zur Frage: War der Wein von den Ulmer Weinhängen überhaupt genießbar?

„In manchen Jahren soll er geschmeckt haben – und in anderen Jahren wieder nicht", gibt der Universitätsmitarbeiter die geschichtliche Überlieferung wieder und gesteht: „Zwar wachsen und reifen die Trauben durchaus in Ulm, doch Weinbau kann ich mir kaum vorstellen, zumal sogar Rotwein produziert worden sein soll." Dieses Erzeugnis – von den Söflinger Weinbergen südlich vom Oberberghof am Eselsberg – soll sogar der beste Wein Ulms gewesen sein. Der Michelsberger hingegen soll geschmacklich weniger ausgereift gewesen sein. In erster Linie hing die Qualität allerdings vom Jahrgang ab: Aus dem Jahr 1279 wird beispielsweise berichtet, dass es in Ulm „guten und reichlichen Wein" gegeben habe, auch das Jahr 1432 sei hervorragend gewesen, während 1444 der Wein sehr sauer gewesen sei. „Manche Weine seien sogar so schlecht gewesen, dass sie nur zum Anrühren von Mörtel genutzt werden konnten", schildert der Biologe die volkstümliche Überlieferung und ergänzt schmunzelnd, eben deswegen stünde das Ulmer Münster heute noch.

„Manche Weine seien sogar so schlecht gewesen, dass sie nur zum Anrühren von Mörtel genutzt werden konnten."

Kein Wunder also, dass nicht selten zu fragwürdigen Mittelchen gegriffen wurde, um den Wein schmackhaft zu machen. Der Obst- und Weinkenner Gottfried von Franken schildert im 14. Jahrhundert die Tricks der Tavernenbesitzer. Beispielsweise hätten diese Kunden, die nach einer Kostprobe verlangten, zunächst Nüsse und alten salzigen Käse angeboten. So schmeckte ihnen der Wein anschließend süßer. Und erfahrene Weinkenner rieten deshalb dazu, zum Trinken nur in Wasser getränktes Brot zu essen. Getrickst wurde außerdem mit Honig, um den Wein zu versüßen, Maulbeeren oder Kirschen dienten zum Rotfärben und mit Safran ließ sich Weißwein aufhübschen. Eine weitere beliebte Taktik war es, Wein zu strecken. Bereits ab der Mitte des 14. Jahrhunderts wurden daher Verordnungen gegen die Verfälschung des Weins erlassen, wie im Jahr 1360 vom Rat von Frankfurt.

„Mit dem Dreißigjährigen Krieg setzte auch das Ende des Weinbaus ein", fährt Stefan Brändel fort. Bereits mit Anbruch der Neuzeit, um 1600, begann vielerorts der Niedergang des Weinanbaus. Als entscheidender Faktor wird oft die „Kleine Eiszeit" herangezogen, die – je nach Region – vom 15. bis ins 19. Jahrhundert andauerte. Da die Donaustadt zwischen den Jahren 1634 und 1648 besonders stark unter dem Dreißigjährigen Krieg litt und zudem die Pest in der Stadt wütete, war damit das Ende des Weinbaus endgültig besiegelt. Das Klima, die Kriegsfolgen und hohe Steuern sowie die gestiegene Nachfrage in der Zeit der Renaissance machten Wein nun zum Luxusprodukt, das ausschließlich in besseren Kreisen getrunken wurde.

„Ab der Mitte des 17. Jahrhunderts wurde an den Hängen stattdessen Hopfen angebaut", fährt der Biologe fort, der im „Grünen Klassenzimmer" die Umweltbildung von Schulkassen fördert. „Wir haben im Botanischen Garten auch einen Bauerngarten", merkt der Wissenschaftler an. Dieser biete Infos zu allerlei Pflanzen aus der Zeit der Germanen und Römer, Einblick in mittelalterliche Gärten wie den von Hildegard von Bingen (1098-1179) bis zu neueren Kulturpflanzen aus Amerika und Asien. Im Areal für alte Ulmer Nutzpflanzen hingegen fänden sich Hopfen – und Wein.

So geht's zur Weintraube:

Das Relief hängt über dem Portal am Weinhof 14 neben dem Haus der Stadtgeschichte.

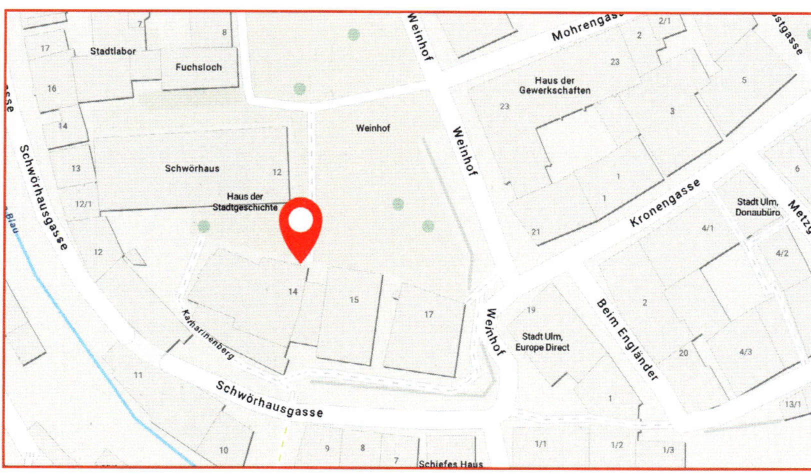

Im Haus der Begegnung dient der Hocker als Sitzgelegenheit in der Kapelle aus der Zeit des Dominikanerklosters.

Hocker 22

Zweckmäßiges Kultobjekt

Das „Haus der Begegnung" im Grünen Hof ist nur einer von vielen Orten, an denen der „Ulmer Hocker" zu finden ist. „Ich kenne ihn aus Umkleidekabinen, Wartezimmern oder aus Geschäften", sagt Dr. Martin Mäntele. Als Leiter des HfG-Archivs kennt er sich bestens mit dem Sitzmöbel aus, denn der Hocker entspringt eben jener Ulmer „Hochschule für Gestaltung", in deren ehemaligen Räumlichkeiten das Archiv untergebracht ist. „Der Ulmer Hocker besteht aus sechs Bauteilen", beschreibt der Kunsthistoriker den Aufbau des Stuhls ohne Lehne: „Drei Bretter, ein Rundstab und zwei Kufen. Während einfaches, weiches Nadelholz für die Bretter verwendet wird, sind die unten angebrachten Kufen aus Buchenholz. Der Stab dient sowohl als Querverbindung als auch zum Tragen." Das Besondere an der Verbindung der drei Bretter sei die Fingerverzinkung: „Das ist eine einfache Verbindung, die sich dadurch auszeichnet, dass die Zinken, die einen rechtwinkligen Querschnitt haben, wie Finger ineinandergesteckt werden." Ein Detail, das nicht unbedeutend ist, denn der Ulmer Hocker, der heutzutage als Kultobjekt gilt, entstand ursprünglich aus ganz pragmatischen Gründen …

„Die privat getragene Hochschule war zunächst als Wiederbelebung des Bauhauses gedacht", schildert er die Hintergründe der Hochschule, die 1953 von Otl Aicher, Inge Scholl und Max Bill gegründet wurde. „Max Bill war zudem Architekt des Hochschulgebäudes, dessen Baukosten auf zwei Millionen Mark taxiert waren. Doch Ende des Jahres 1952 musste er Farbe bekennen. Kurz vor Weihnachten hat er an Inge Scholl geschrieben und gestanden, dass eine dritte Million fehlen würde." Noch an Heiligabend habe Inge Scholl voller Entsetzen geantwortet und sich gefragt, was zu tun sei. Was konnten sie selbst bauen?

„Der Ulmer Hocker war 1954 einer der ersten Eigenentwürfe an der Hochschule für Gestaltung."

Die Situation – es ist nicht einmal Geld da, um Stühle zu kaufen! – führt dazu, dass ein Entwurf für einen Hocker entsteht. „Ursprünglich waren diese nur für die studentischen Zimmer im Wohnheim vorgesehen – aber es war nie die Rede davon, dass das Sitzmöbel selbst entworfen oder gebaut werden sollte." Doch da an der HfG auch Werkstätten vorgesehen waren, soll dort ein solcher Hocker produziert werden. „Der Ulmer Hocker war 1954 einer der ersten Eigenentwürfe an der Hochschule für Gestaltung. Der erste Direktor, Max Bill, entwarf unter Mitarbeit des Architekten Hans Gugelot und unter erheblicher Teilnahme von Paul Hildinger, dem Leiter der Holzwerkstatt, und Josef Schlecker, dem Leiter der Metallwerkstatt, diesen Hocker", erklärt Martin Mäntele.

Die Leiter der Werkstätten hätten vor allem die technische Lösung, die Fingerverzinkung, für das Sitzmöbel entwickelt: „Normalerweise findet sich diese Art von Verbindung an nicht einsehbaren Stellen, beispielsweise an Schubladenkanten. Ein traditioneller Schreiner würde für eine sichtbare Verbindung eine sogenannte Schwalbenschwanzverbindung nehmen. Das erfordert aber Zeit und konnte – zumindest damals – nicht maschinell hergestellt werden." Hildinger und Schlecker hätten, so fährt der Leiter des HfG-Archivs fort, daraufhin eine Vorrichtung entworfen, um die Zinken der am Hocker verwendeten Fingerverzinkung schnell und unkompliziert sägen zu können. „Diese Säge ist heute gar nicht mehr erlaubt“, sagt Martin Mäntele – zu gefährlich sei der Einsatz dieser Vorrichtung, „aber so konnten sie in kleiner Serie solche Hocker produzieren.“

Für wenig Geld wird der Hocker an der Hochschule zum Verkauf angeboten, um das Jahr 1960 kostet er etwa elf Mark. „Heute wird er als Design-Klassiker für einen erheblich höheren Preis vermarktet“, deutet der Leiter des HfG-Archivs an und beziffert den Preis auf 238 Euro.

„Aber so konnten sie in kleiner Serie solche Hocker produzieren.“

In Ulm gilt der Hocker heute als – praktisches – Kultobjekt: Er sei leicht und handlich, könne in Serie nebeneinandergestellt als Sitzbank oder Liege genutzt werden, diene auch gut als Beistelltisch und besitze zudem eine zweite Sitzhöhe, wenn er gekippt wird. Einen Nachteil hat der Hocker allerdings: „Es ist ein lehnenloses Sitzmöbel, das heißt, man sitzt nicht lange bequem darauf.“

Wer selbst „probesitzen“ will, kann ins Haus der Begegnung gehen oder ins HfG-Archiv und zusätzlich auch noch herausfinden, was – mal abgesehen vom Hocker – die Stapeltasse, der Kranich auf dem Logo der Lufthansa oder die Olympiaringe mit der Ulmer Hochschule für Gestaltung zu tun haben.

So geht's zum Hocker:

In der Kapelle im Haus der Begegnung im Grünen Hof 7, das außerhalb der Ferienzeiten tagsüber geöffnet ist, dient der Ulmer Hocker als Sitzmöbel.

Fotografin Nadja Wollinsky wird in der Eingangshalle von zwei Hirschen flankiert.

23

Hirsche

Naturidylle statt Großstadtflair

Wer sehnt sich nicht gelegentlich bei einem Spaziergang durch die belebten Straßen der Stadt, umgeben von der Hektik des Alltags, nach einem kleinen Zufluchtsort? Versteckt hinter einer hölzernen Tür an der Frauenstraße, die zwischen den übervollen Schaufenstern fast wie ein Tor zu einer anderen Welt wirkt, kann ein solches Refugium tatsächlich entdeckt werden.

Das Gebäude wurde im Jahr 1577 vom Bürgermeister und Patrizier Hans

Ehinger errichtet. Heute sind darin mehrere Läden, die Kulturabteilung der Stadt sowie das Ulmer Frauenforum untergebracht. Während das Portal um 1700 verändert wurde, stammen die großen, rundbogigen Schaufenster entlang der Frauenstraße aus dem Jahr 1927, zwischen ihnen befindet sich die Eingangstür des Gebäudes.

Hinter dieser Tür liegt ein gepflasterter Raum, der an seinen Seitenwänden eine friedvolle Wandbemalung aufweist – sie zeigt auf der Südseite zwei im Grünen stehende Hirsche, die ein im antiken Stil gemaltes Säulenportal mit zwei Frauenskulpturen flankieren. Auf der Nordseite zieren ein dritter Hirsch sowie ein weiteres Säulenportal die Wand. Das Ungewöhnliche dabei: Durch die beiden Tierhäupter erwacht der Raum regelrecht zum Leben. „Die beiden gemalten Hirsche tragen präparierte Köpfe von echten Tieren", erklärt Nadja Wollinsky, die für die Bilddokumentation im Ulmer Stadtarchiv zuständige Fotografin. Je nach dem Winkel, in dem der Betrachtende den Tieren gegenübersteht, wirken die Hirsche, als seien sie im Begriff, aus der Wand herauszutreten.

Inmitten des bunten Treibens der Stadt bietet diese Wanddekoration im Zusammenspiel mit der gewölbten Decke des Erdgeschosses und dem gepflasterten Boden eine kleine Oase, die über das Portal an der Frauenstraße zu erreichen ist.

So geht's zu den Hirschen:

Die präparierten Tierköpfe in der Frauenstraße 19 befinden sich im Erdgeschoss hinter der hölzernen Eingangstür, die Montag bis Donnerstag von 8 bis 17 Uhr und am Freitag von 8 bis 14 Uhr für Publikumsverkehr geöffnet ist.

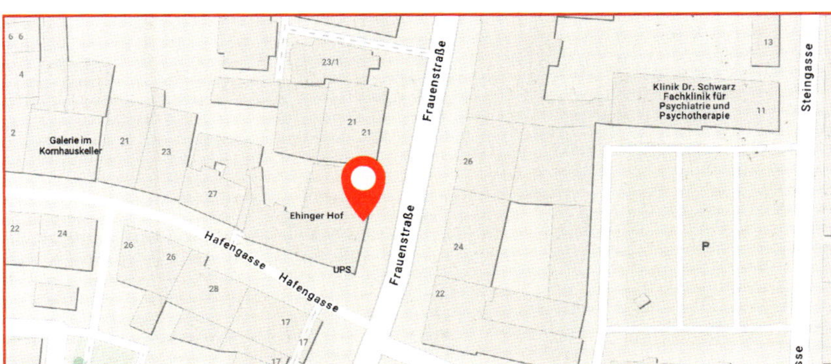

ALEXIS
SORBAS
ORIGINAL GRIECHISCHE KUCHE SEIT 1973

Wirtshaus

24

Treffpunkt der Frauenbewegung

An das Gasthaus „Goldener Hahn", das heute ein anderes Restaurant beherbergt, erinnert noch die – nach der historischen Wirtschaft benannte – Hahnengasse. Viel interessanter als die Geschichte des Gasthauses im Osten der Ulmer Altstadt ist allerdings, was sich einst darin zugetragen hat: „Im *Goldenen Hahn* hat sich nachweislich ab 1896 der *Lesekreis Frauenwohl* getroffen", sagt Dr. Marie-Kristin Hauke. Der Lesekreis habe sich an den Zielen des 1888 gegründeten Berliner Lesekreises orientiert, der sich mit Themen wie der Stellung der Frau im Bürgerlichen Gesetzbuch sowie dem Frauenwahlrecht beschäftigte. „Die Frauen im Lesekreis waren die Ersten, die in Ulm für das Frauenwahlrecht gekämpft haben", betont die Historikerin die Bedeutung des Lesekreises.

Das Erstaunliche an der „Ersten Frauenbewegung" in Ulm sei vor allem, dass die Existenz dieser aktiven Frauenszene in Ulm lange unbekannt war. „Bereits nach wenigen Monaten zählte der Lesekreis 23 Mitglieder. Vermutlich haben sie sich hier immer in einem Nebenzimmer getroffen", fährt die Mitarbeiterin des Stadtarchivs fort, „dort stand ein kleiner Bücherschrank, in dem die Literatur aufbewahrt wurde, die in dem Lesekreis zirkulierte." Gegen eine kleine Gebühr konnten die Vereinsmitglieder alle bereitgestellten Bücher und Zeitschriften benutzen. Monatliche Leseabende hätten auch Nichtmitgliedern offengestanden, merkt die Wahl-Ulmerin an. Gegründet wurde der Lesekreis jedoch von einem Mann, dem Neu-Ulmer Musiklehrer Cyprian Eberle, der zudem zwei Jahre lang offiziell dessen Geschäftsführer war.

> „Vermutlich haben sie sich hier immer in einem Nebenzimmer getroffen."

Die Mitglieder setzten sich engagiert für das Frauenwahlrecht, aber auch für Frauen- und Mädchenbildung in der Stadt ein – mit viel Überzeugung: „Sie gehörten eher zum radikalen linken Flügel der Frauenbewegung", erklärt Marie-Kristin Hauke, die sich außer mit der „Ersten Frauenbewegung" in Ulm auch mit der Geschichte

Die Frauen forderten Selbstbestimmtheit: mehr als „Kinder, Küche und Kirche", weiß Dr. Marie-Kristin Hauke.

der Zweiten Frauenbewegung und der Rolle der Frauen bei der Demokratisierung nach dem Zweiten Weltkrieg beschäftigt hat. Wie beim Berliner Vorbild habe der Lesekreis, anders als der gemäßigte Flügel, den postulierten „Wesensunterschied“ von Mann und Frau infrage gestellt und für die vollständige Befreiung der Frau gekämpft.

„Der Ulmer *Lesekreis Frauenwohl* hat auch bekannte Protagonistinnen eingeladen – wie die Münchner Frauenrechtlerin Anita Augsburg, die den ersten Vortrag halten durfte. Das hat für entsprechendes Aufsehen gesorgt“, schildert die Historikerin. Schließlich sei Anita Augspurg (1857-1943) als erste promovierte Juristin in Deutschland „eine der glühendsten Verfechterinnen des Frauenwahlrechts und für viele Bürgerliche die personifizierte Provokation“ gewesen, wie Marie-Kristin Hauke in *Frauen wollen mehr! Die vergessene Erste Frauenbewegung in Ulm (1895-1919)* diese Persönlichkeit beschreibt.

„Der Verein Frauenwohl hatte damals schon Propaganda-Büros und organisierte Vortragstouren durch ganz Deutschland.“

Im Jahr 1898 wurde der Lesekreis mit seinen mittlerweile 40 Mitgliedern in den „Verein Frauenwohl“ umgewandelt. Die Treffen fanden fortan in der Herdbruckerstraße im „Café Mützel“ statt, das dann allerdings im Zweiten Weltkrieg komplett zerstört wurde.

Die Frauenbewegung bedeutete durchaus auch, Frauen in Bewegung zu bringen. Daher stand auch das Thema Reformkleidung auf der Agenda: Die Damenbekleidung, die zu der Zeit aus Korsett, Unter- und Oberröcken bestand, brachte neben eingeschränkter Bewegungsfreiheit auch gesundheitliche Gefahren mit sich. „Ein Kleid konnte durchaus mehr als 10 Kilogramm wiegen“, erklärt die promovierte Historikerin, „Ärzte warnten zudem vor Verletzungen der inneren Organe, Atembeschwerden und Gefahren für Schwangere – hervorgerufen durch die enge Schnürung.“

„Der Verein Frauenwohl hatte damals schon Propaganda-Büros und organisierte Vortragstouren durch ganz Deutschland“, betont die Ulmer Historikerin, denn der Verein galt sogar innerhalb der Frauenbewegung selbst als radikal. Wie lange der Verein Frauenwohl existierte, ist nicht ganz geklärt. Im Jahr 1907 gründete sich der „Frauenstimmrechtsverein“, dessen Vorsitz Bertha Laupheimer-Gutermann (1860-1932) übernahm, die zuvor den Verein Frauenwohl geleitet hatte. Im Kampf für mehr politische Bildung schlossen sich dem neugegründeten Verein, der eine Ortsgruppe des württembergischen Verbands war, 30 bis 35 Mitglieder an.

Ulm hatte in Sachen „Erste Frauenbewegung“ sogar noch mehr zu bieten: Seit 1904 existierte der Verein „Frauenbildung-Frauenstudium“, dessen Mitglieder sich massiv für Frauenqualifikation, Frauen im Beruf und Mädchenbildung einsetzten. Nicht alle in der Donaustadt waren allerdings begeistert von den Vorstellungen und Zielsetzungen der Frauenbewegung. Mit Gründung des konservativen „Deutsch-Evangelischen Frauenbunds“ im Jahr 1904 kämpften dessen Mitglieder für das Festhalten am traditionellen Frauenbild, das sich auf das Private beschränkte und politische Diskussionen dem Mann überließ.

„Die bürgerliche Frauenbewegung war dominant, vom gehobenen Bürgertum bis ins Kleinbürgerliche.“

Bertha Hellmann (1861-1920), die seit 1908 den Ulmer Verein Frauenbildung-Frauenstudium leitete, war abgesehen davon in anderen sozialen Organisationen – auch auf Landesebene – tätig. Als Teil der gehobenen bürgerlichen Gesellschaft hatte sie Beziehungen, die bis an den königlichen Hof nach Stuttgart reichten. „Zudem gab es Kontakte zwischen den einzelnen Ortsgruppen, zum Beispiel nach Tübingen. Vor allem die Verbindung nach Stuttgart war sehr gut.“ Eine solche Kontaktperson sei die gebürtige Ulmerin Mathilde Planck (1861-1955) gewesen, die in Stuttgart ab 1901 das erste württembergische Mädchengymnasium leitete und sich von 1906 bis 1916 als Vorsitzende des Württembergischen Lehrerinnenverbands für die Gleichstellung mit den männlichen Kollegen sowie die Abschaffung des Ehelosigkeitsgebots für Lehrerinnen eingesetzt habe, erläutert die Historikerin.

Es seien vor allem die Frauen des gehobenen Bürgertums, also die Ehefrauen und Töchter von Beamten, Kaufleuten, Rechtsanwälten und Ärzten gewesen, die sich in solchen Vereinen engagiert hätten, fährt die Mitarbeiterin des Stadtarchivs fort: „Die bürgerliche Frauenbewegung war dominant, vom gehobenen Bürgertum bis ins Kleinbürgerliche. Arbeiterinnen im klassischen Sinn waren nicht vertreten, diese waren eher in den Gewerkschaften involviert.“ Ab 1908 seien diese vermehrt in politischen Parteien wie der SPD aktiv gewesen.

Die Mitglieder aus beiden Vereinen – und allen Schichten – hätten am Ende aber zusammen dafür gekämpft, dass es für Frauen zumindest ein kommunales Wahlrecht geben solle: „Bei den württembergischen Petitionen für das Frauenwahlrecht um 1917/1918 haben die SPD und der *Frauenstimm-*

Das Straßenschild erinnert an das Wirtshaus, in dem sich die Frauen zum Lesekreis getroffen haben.

rechtsverein gemeinsam einen Antrag im Landtag eingereicht.“ Im Jahr 1918 wurde schließlich mit der Einführung des Frauenwahlrechts in der Folge der Novemberrevolution ein Meilenstein gesetzt – dank der Frauen, die sich unermüdlich für dieses Recht eingesetzt haben, Frauen wie die Mitglieder des *Lesekreises Frauenwohl*, die sich Ende des 19. Jahrhunderts im Ulmer Gasthaus „Goldener Hahn“ trafen. Die Hahnengasse, die an die gleichnamige Wirtschaft erinnert, steht also für viel mehr: für das fundamentale Recht der Frau auf Gleichberechtigung.

So geht's zum Wirtshaus:

Einer der Treffpunkte vom „Lesekreis Frauenwohl“ war im ehemaligen Gasthaus „Goldener Hahn“ in der Hahnengasse 4 östlich der Innenstadt.

Im Biergarten des Gasthauses „Drei Kannen“ steht die Gartenloggia aus dem 17. Jahrhundert.

25

Loggia

Teil eines „wundervollen“ Anwesens

Welchen Bezug die malerische Gartenloggia im Biergarten des Gasthauses „Drei Kannen“ zu einer Mumie hat, bleibt den meisten Menschen wohl verborgen. Dabei war der prächtige Bau einst Teil eines Hauses voller Wunder …

„Früher gehörte die barocke Loggia zum *Schlößle*, dem Anwesen des Ulmer Kaufmanns Christoph Weickmann“, erklärt Dr. Eva Leistenschneider. Sowohl der Tordurchgang am Hafenbad als auch das Haus, das sich rechtsseitig anschloss, waren Teil des Anwesens Weickmanns (1617-1681). Zu dem Komplex gehörte auch das traufständige Gebäude hinter dem Portal, das den heutigen Biergarten gemeinsam mit der Loggia umschließt. An diesem Ort verbreitet dieser zweistöckige Holzbau mit seinen jeweils fünf eleganten Säulenbögen im Zusammenspiel mit der kunstvollen Stuckdecke eine Atmosphäre, die an den Charme Italiens erinnert. Auch zu Zeiten des Ulmer Kaufmanns muss die Freifläche vor der Loggia einen zauberhaften Anblick geboten haben: „Vor der Loggia wuchs ein Tulpengarten, den Weickmann angelegt hatte.“ Der Blumengarten sollte jedoch nicht nur die Sinne erfreuen, sondern diente auch

Dr. Eva Leistenschneider steht am Portal, durch das der Tulpengarten samt Loggia zu erreichen war.

einem anderen Zweck: „Christoph Weickmann war begeisterter Tulpensammler. Er hat den Ulmer Maler Jonas Arnold beauftragt, rund 200 Aquarelle von seinen Tulpensorten anzufertigen“, erklärt die Kuratorin und stellvertretende Direktorin des „Museum Ulm“.

Die Sammelleidenschaft des Ulmer Kaufmanns beschränkte sich jedoch nicht auf Liliengewächse: „Weickmann begann 1653, in dem Anwesen seine Sammlung aufzubauen. Diese *Wunderkammern* des 16. und 17. Jahrhunderts waren charakteristisch für diese Zeit. Das Prinzip war, durch gesammelte Objekte das Abbild der Welt, also der göttlichen Schöpfung und ihrer Wunder, zu vermitteln.“

Und der Kaufmann war fleißig: Ein Inventarverzeichnis aus dem Jahr 1658 listet über 1.000 gesammelte Stücke auf, darunter „Naturalia“, also Objekte der belebten und unbelebten Natur wie Mineralien, Muscheln oder Korallen sowie viele andere Tierobjekte. Daneben umfasste die Sammlung aber auch „Exotica“, Kunstwerke und alltägliche Objekte aus fernen Ländern. Auch der Mensch als „Krone der göttlichen Schöpfung“ sollte repräsentiert sein – und diese Sektion verfügte neben einem Skelett auch über einen anderen, seltenen Fund: „Die *Mumia Arabica* ist der erste Eintrag in seinem Inventarverzeichnis. Es handelt sich dabei um eine nordafrikanische Mumie, die er 1657 von einem durchreisenden niederländischen Kaufmann erworben haben soll.“ Diese sei im Jahr 1538 aus der Wüste ausgegraben worden. Da die menschlichen Überreste nicht einbalsamiert, sondern im heißen Sand getrocknet seien, habe sich der Leichnam so gut konserviert.

Mit dem Tod Christoph Weickmanns im Jahr 1681 ging die Sammlung in den Besitz seiner Erben über, die viele Objekte zum Verkauf anboten. Nur ein verschwindend geringer Teil der einstigen „Wunderkammer" habe sich erhalten, merkt Eva Leistenschneider an. Rund 80 Objekte fanden jedoch ihren Weg ins Museum Ulm, darunter auch die Mumie aus der Sammlung Weickmanns. Im Zweiten Weltkrieg seien allerdings weitere Objekte zu Schaden gekommen: „In einem Wochenrapport der historischen Museumsleitung an die amerikanische Militärbehörde steht, man habe die Mumie bei Aufräumarbeiten unter dem Schutt gefunden. Doch sie sei so stark in Mitleidenschaft gezogen worden, dass entschieden wurde, sie nicht mehr auszustellen und stattdessen im Museumsbereich zu beerdigen."

In Anbetracht der Mumie und der zahlreichen kuriosen und seltenen Objekte der „Wunderkammer" Weickmanns zählten die Tulpenaquarelle sicherlich zu den im 17. Jahrhundert weniger bestaunten Exponaten – zumal Tulpen vor Ort in natura bewundert werden konnten: „Die im italienischen Stil gebaute Loggia ermöglichte einen geschützten Aufenthalt im Freien – mit Blick auf den Garten", merkt die Historikerin an. Und die Farbenpracht der Blumen war sicherlich ansprechender als der Anblick der Mumie …

So geht's zur Loggia:

Die Gartenloggia befindet sich im Biergarten des historischen Brauhauses „Drei Kannen" und ist durch das Portal am Hafenbad 31/1 zu erreichen.

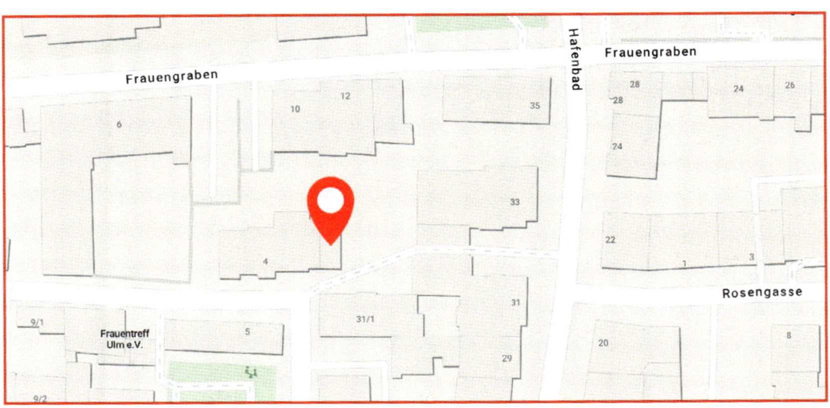

Der an den Schienen verlaufende Veitsbrunnenweg hat seinen Namen von dem tiefsten Brunnen der Brauerei Gold Ochsen. Sein Quellwasser stammt aus der Schwäbischen Alb.

26 Sträßchen

Quell des Lebens

Den Veitsbrunnenweg kennen die meisten Menschen vermutlich aus dem Zug: Vom Hauptbahnhof kommend, verlaufen die Schienen auf der Strecke nach Osten am Fuß des Michelsbergs parallel zu der kleinen Gasse. Doch den Zugreisenden bleibt dieser Abschnitt vermutlich weniger wegen der Straße in Erinnerung, sondern vor allem wegen des Gebäudekomplexes der „Brauerei Gold Ochsen", – mit dem der Veitsbrunnenweg in direktem Zusammenhang steht.

„Der heilige Veit gilt als der Schutzpatron der Bierbrauer", erklärt der technische Betriebsleiter Stephan Verdi. Und diese benötigen – gemäß des Bayerischen Reinheitsgebots von 1516 – bekanntlich drei Zutaten zum Brauen: Wasser, Gerste und Hopfen. Zugegeben, für die Gärung braucht es natürlich auch Hefe. Allerdings verbreitet sich diese auch über die Luft und landete früher oft auf diesem Weg im Bier, weswegen sich Braustätten gerne neben Backstuben ansiedelten. Aus diesem Grund wurde Hefe nicht in die Liste des Reinheitsgebots aufgenommen. Auch kann das Malz theoretisch ebenso gut aus anderen Getreidesorten als Gerste hergestellt werden – zumindest so lange kein untergäriges Bier wie Pils entstehen soll. Der Hopfen wiederum gilt als das Gewürz des Bieres und macht das Getränk zudem haltbar. Auch Wasser ist als Zutat unersetzlich. Dank des Brauvorgangs steigert sich dessen Qualität sogar: „Wegen der Verunreinigungen war es früher nicht ganz ungefährlich, Wasser zu trinken. Durch die Würzekochung und die anschließende Gärung wird es allerdings rein und sauber – und besitzt zudem eine antibakterielle Wirkung“, erklärt Braumeister Bernhard Frey. In Ulm wurde 1870 der Höchststand von 40 Brauereien registriert. Der Pro-Kopf-Verbrauch lag damals bei über 300 Liter Bier pro Einwohner und Jahr: „Früher wurde in jedem Wirtshaus Bier gebraut. Daraus sind erst später die großen Brauereien entstanden.“

Da Wasser zum Bierbrauen also essenziell ist, versorgt sich die Brauerei Gold Ochsen selbst: „Wir verfügen über insgesamt vier Brunnen, einer davon ist ein Tiefbrunnen“, erklärt Braumeister Bernhard Frey. Mit einer Tiefe von 234 Metern ist der innerhalb eines Gebäudes liegende Veitsbrunnen somit sogar der tiefste Brunnen Ulms, dem bis zu 120.000 Liter pro Stunde entnommen werden können. Eine Wasserquelle, die nicht nur für die Braustätte wichtig ist: „Bei Problemen mit der Trinkwasserversorgung hat die Stadt Zugriff auf das Brunnenwasser“, schildert der technische Betriebsleiter Stephan Verdi die Vereinbarung zwischen der Brauerei und der Stadt Ulm. Im Katastrophenfall hilft vielleicht auch ein Bier – mit oder ohne Alkohol – denn der darin enthaltene Hopfen hat ja bekanntlich eine beruhigende Wirkung …

So geht's zum Sträßchen:

Der Weg befindet sich direkt hinter der Brauerei Gold Ochsen und führt vom Nordende der Frauenstraße an den Bahnschienen entlang nach Westen.

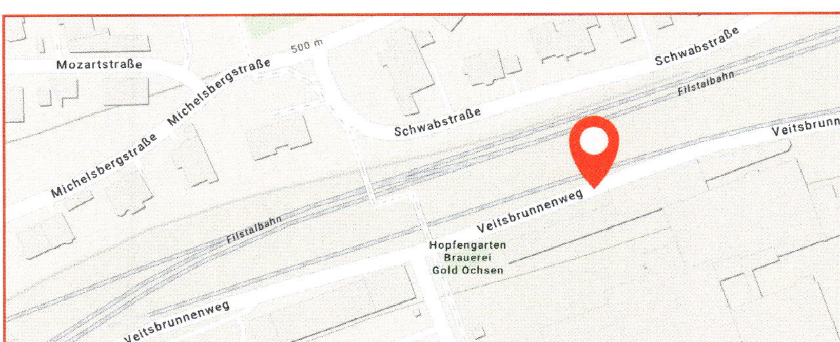

Claudia Eckstein steht vor dem Erker, an dem sich ein solcher Lilienfries erhalten hat.

27

Lilienfries

Eine Ulmer Spezialität

Die Ecke könnte kaum belebter sein – von Ulms Neuer Mitte erreichen oder verlassen unzählige Menschen die Stadt, sei es mit dem Auto oder mit dem öffentlichen Nahverkehr. Kein Wunder also, dass der schmückende Fries am Erker der Alten Bierhalle schnell übersehen wird. Dabei ist er nicht nur schön anzusehen, sondern auch für die Geschichte der Backsteinbauten in Ulm sehr charakteristisch. „Tönerne Lilienfriese sind eine besondere Spezialität von Ulm", verkündet Claudia Eckstein, die sich in ihrer Doktorarbeit mit spätmittelalterlichen Backsteinbauten in Oberschwaben beschäftigt. Die Gestaltung der Friese folge dabei einem wiederkehrenden Schema, erklärt die Bauforscherin: „Das Motiv des Lilienfrieses besteht aus sogenannten Dreipassbögen mit umgekehrten Schwertlilienblüten am Ende."

Werden diese Backsteine mit den nach unten gedrehten Lilienblüten nebeneinander verbaut, ergeben sie den charakteristischen Lilienfries, bei dem die Zwischenräume das Muster von dreiblättrigen Kleeblättern formen – wie hier am Erker. Ein Dreipassbogen, also die Grundform, an der die gedrehte Schwertlilie angebracht ist, findet sich auch heute noch am Wengenturm (siehe Geheimnis Turm).

„Das Motiv des Lilienfrieses besteht aus sogenannten Dreipassbögen mit umgekehrten Schwertlilienblüten am Ende."

„Bei dem Fries handelt es sich um ein typisches Motiv der Spätgotik, das häufig in Holz, Stein oder in der Malerei verwendet wurde", erläutert die Bauforscherin. Das besondere des Ulmer Raums ist, dass das Schmuckrelief hier oft auf rechteckigen Tonplatten angebracht ist, deren Umrisse unter dem Putz nur anhand der dünnen Risse zwischen den Lilienmotiven zu erahnen sind.

„Besonders im ausgehenden 15. Jahrhundert wurde der Lilienfries häufig verwendet", fährt Claudia Eckstein fort. Doch von dem Bauschmuck hätten sich in der Donaustadt nur wenige Exemplare im Original erhalten: Abgesehen vom Fries am Erker an der Alten Bierhalle gebe es in der Platzgasse 31 ein Haus, an dem solche Lilienziegel womöglich in Zweitverwendung verbaut wurden. Lediglich in der Hahnengasse 23 findet sich ein weiteres Exemplar, das 1977 allerdings durch Repliken ersetzt wurde. Vor einigen Jahrhunderten muss die Stadt jedoch ein anderes Bild geboten haben, wie beispielsweise am Rathaus: „Historische Fotos zeigen, dass sich noch bis um 1900 – vor dem Umbau des Rathauses – ein Lilienfries an der Südseite befand, am sogenannten Roth'schen Haus."

Auf der Suche nach mittelalterlichen Lilienfriesen aus Backstein konnte die Doktorandin 38 Fundorte in Oberschwaben ausfindig machen, über die Hälfte von diesen im engen Umkreis des Ulmer Stadtgebiets. „Meine Theorie ist, dass der in Oberschwaben verwendete Lilienfries aus gebranntem Ton seinen Ursprung in Ulm hat", verrät sie eines ihrer Forschungsergebnisse. Der spätgotische Lilienfries am

Erker der Alten Bierhalle sei aber auch aus einem anderen Grund für ihre Forschung bedeutend: „Die Lilienziegel tragen Symbole – die Zeichen in den

Das Motiv des Lilienfrieses erfreute sich vor allem im ausgehenden 15. Jahrhundert großer Beliebtheit.

oberen Dreiecken –, die ich sonst nur an drei weiteren Objekten feststellen konnte. Vermutlich handelt es sich bei den Zeichen um einen Herstellernachweis, ähnlich den Steinmetzzeichen.“

Ihre Theorie ist, dass die Lilienziegel in Modeln produziert wurden. „In diese Model, also eine Kastenform zur seriellen Produktion, konnten neben dem Lilienrelief auch Symbole eingelassen werden. Das Zeichen könnte also die Ziegelei oder den Künstler, der die Form herstellte, ausweisen.“ Wer auch immer den Lilienfries signiert hat, freuen würde es die Ziegelhersteller sicherlich, dass der Bauschmuck noch heute am Erker hängt – auch wenn er von den meisten Passanten nicht bemerkt wird.

So geht's zum Lilienfries:

Der Erker an der Alten Bierhalle befindet sich zwischen Münster und Rathaus an der Neuen Straße 71.

Thomas Schuler steht an dem Platz, von wo aus Napoleon vor mehr als 200 Jahren die Kapitulation der Österreicher verfolgt hat.

28

Napoleon-Felsen

Zu Füßen des Kaisers

Vom höchsten Punkt eines vorspringenden Felsens am Kienlesberg verfolgt Napoleon Bonaparte (1769-1821) das von ihm inszenierte Spektakel. „Augenzeugen haben geschildert, es sei das Größte und Eindrucksvollste gewesen, was sie je in ihrem Leben gesehen haben", sagt Thomas Schuler. Wo genau der Kaiser der Franzosen während der Kapitulation der Österreicher im Zuge des Dritten Koalitionskriegs gestanden hat, ist allerdings im heutigen Stadtbild schwer nachvollziehbar. Das Problem: Der berühmte „Napoleon-Felsen" wurde Anfang des 20. Jahrhunderts gesprengt. Dem Historiker gelang dennoch eine Rekonstruktion – es ist der Ort, wo heute ein unauffälliges Gebäude zwischen der B10 und den Bahngleisen steht.

Vier Tage vor der großen Kapitulation lässt Napoleon die Donaustadt und die darin ausharrenden österreichischen Soldaten beschießen (siehe

Geheimnis Kanonenkugel). „Es ging bei der Beschießung darum, die Österreicher – und vor allem den österreichischen Befehlshaber – gefügig zu machen“, erklärt Thomas Schuler den Hintergrund. Karl Mack von Leiberich (1752-1828) soll dadurch gezwungen werden, die Kapitulation seiner Truppen zu unterschreiben. Kurz nach der Beschießung, am 17. Oktober 1805, unterschreibt der österreichische General die Kapitulation, die dann am 20. Oktober, einem Sonntag, in einem großartig inszenierten Spektakel vollzogen wurde. Den Grundstein für diesen Verlauf hatte Napoleon bereits am 14. Oktober gelegt, als er bei der Schlacht bei Elchingen die österreichischen Truppen, welche die vorrückenden französischen Truppen aufzuhalten versucht hatten, zum Rückzug in die Stadt zwang.

Napoleon inszeniert die Kapitulation gebührend: „In einem riesigen Halbkreis auf den damals noch unbebauten Hängen des Safranbergs und Michelsbergs um-rahmen mindestens 30.000 aufgestellte Soldaten in Paradeuniform das Spektakel“, schildert der Napoleon-Experte das historische Ereignis. „In dessen Mitte steht Napoleon mit seinen Marschällen und Generälen neben einem Wachtfeuer auf dem Felsen, während unterhalb davon Dragonerreihen mit präsentierten Säbeln auf der Höhe der heutigen Karlsstraße auf ihren Pferden sitzen.“ Um Punkt 14 Uhr öffnet sich das Frauentor. An der Spitze reiten die österreichischen Generäle heraus, gefolgt von ihren Soldaten. Begleitet werden die Truppen von ihren Militärkapellen, um ihre militärische Ehre zu wahren – schließlich war die Niederlage keine unehrenhafte gewesen. „In voller Bewaffnung bewegen sich die Österreicher am Fuß des Felsens, auf dem Napoleon steht, vorbei“, fährt der gebürtige Ulmer fort. „Etwa 100 bis 200 Meter weiter legen sie ihre Waffen nieder: mehr als 50 Kanonen, rund 20.000 Gewehre samt Munition sowie Pistolen und Säbel. Etwa 3.000 Reiter steigen von ihren Pferden und übergeben die Zügel den Franzosen. Entwaffnet kehren sie durch das Neue Tor zurück nach Ulm.“ Am nächsten Tag seien sie mit Ausnahme der höheren Offiziere als Kriegsgefangene nach Frankreich abgeführt worden, er-gänzt der Historiker, der intensiv zu dem französischen General und Kaiser geforscht und mehrere Bücher verfasst hat, darunter *Auf Napoleons*

„Etwa 100 bis 200 Meter weiter legen sie ihre Waffen nieder: mehr als 50 Kanonen, rund 20.000 Gewehre samt Munition sowie Pistolen und Säbel.“

Spuren: Eine Reise durch Europa (www.napoleoninbayern.de).

Es ist ein Spektakel, das nicht nur schriftlich überliefert ist: „Es gibt mindestens 40 verschiedene Bilddarstellungen von diesem Akt“, erklärt Thomas Schuler. Eine davon ist die *Kapitulation von Ulm*, die Napoleon bei Charles Thévenin (1764-1838) in Auftrag gibt. Das Gemälde zeigt Napoleon auf dem Felsen, wie er mehrere Zehntausend Soldaten überblickt. Diese stehen an dem Standort, wo heute die Bahngleise verlaufen. So war es dem Historiker möglich, besagten Ort zu rekonstruieren: „Auf der württembergischen Urvermessung von 1827, die dem heutigen Vermessungsstandard entspricht, ist der Felsen genau auf der Karte eingetragen“, schildert der Autor seine Vorgehensweise. „Im Vermessungsamt haben wir diesen Urvermessungsplan mit dem heutigen Stadtplan digital übereinandergelegt. Das Ergebnis zeigte, dass mittig an einer der beiden am weitesten vorspringenden Stellen des Felsens, wo Napoleon stand, heute das Gebäude der Deutschen Bahn steht.“

Nach diesem Ereignis wurde der Vorsprung von den Ulmern „Napoleon-Felsen“ genannt – bis er weggesprengt worden war. „Die Kapitulation von Ulm hatte eine enorme historische Nachwirkung“, betont der Historiker, „Napoleon schreibt einen Tag später nach Paris, der Tag von Ulm sei einer der größten in der Geschichte Frankreichs.“

So geht's zum Napoleon-Felsen:

Das Gebäude am Blaubeurer Tor 2 liegt zwischen der B10 und den Bahngleisen und markiert die Stelle, auf der Napoleon während der Kapitulation der Österreicher gestanden hat. Von dem Napoleon-Felsen selbst hat sich allerdings nichts erhalten.

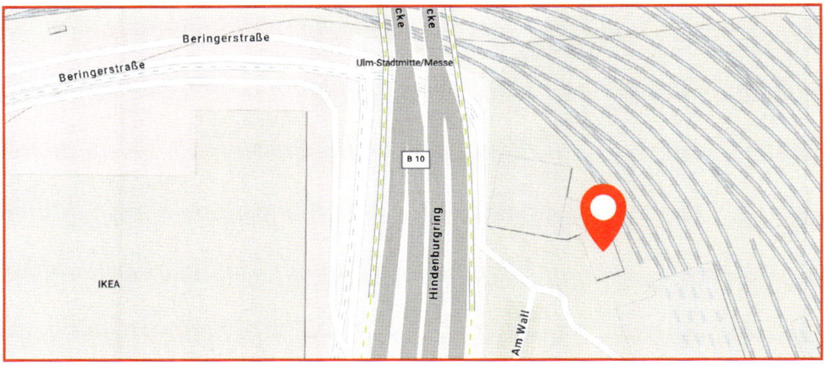

ABGEBROCHEN Aº 1535

Jodokus-Relief

29

Eremit, Pilger und Heiliger

Ein Zeitreisender würde sich wohl in einem Zustand aus Schock, Verwunderung und Begeisterung wiederfinden, könnte er das spätmittelalterliche Ulm besuchen. Wie die Stadt im 14. Jahrhundert genau ausgesehen hat, muss zwar der schillernden Fantasie der Leserschaft überlassen bleiben, sicher ist aber, dass in das imaginierte Bild eine kleine Kapelle zwischen dem Weinhof und der Zentralbibliothek eingefügt werden müsste.

„Früher habe ich zeitweise im sogenannten Leube-Haus in der Kronengasse gewohnt", sagt Eckhart Wimmer, und auch das Eckhaus an der Mohrengasse sei im Besitz seiner Vorfahren gewesen, weswegen ihm ein Geheimnis bekannt ist: die steinerne Platte, die in die Fassade einer Garagenmauer eingelassen ist. „Die Tafel erinnert an die Kapelle des heiligen Jodokus, die im 14. Jahrhundert an dieser Stelle stand", erläutert der Geschichtsinteressierte und gibt damit wieder, was die in historischer Schrift verfasste Inschrift besagt: *An dieser Stelle stand die 1355 eingeweihte Kapelle AD St Jodocum.* Die letzte Zeile mit dem Hinweis *Abgebrochen Ao 1535* ist dabei in modernen Majuskeln ergänzt. Den unteren Bildrand der Tafel zieren eine Krone, ein querliegender Stab sowie durch blau gefärbte Wellen dargestelltes Wasser.

„Mit dem heiligen Jodokus konnte ich nichts anfangen, bis ich mal im Bodenseeraum war", fährt Eckhart Wimmer fort, in Überlingen stehe eine dem Heiligen geweihte Kirche, die St. Jodok Kirche in der Aufkircher Straße, die sich somit entlang des Jakobswegs zwischen Neckar und Bodensee befindet. „Jodok war ein Eremit und Wanderprediger des 7. Jahrhunderts." Das genaue Geburtsdatum des Heiligen, auch Jodocus, Josse oder Jost genannt, ist nicht bekannt. Dafür aber seine Lebensgeschichte, die ihn als Einsiedler und Pilger auswies: Als Sohn des Herzogs oder Königs der Bretagne soll er 636 auf sein Thronerbe verzichtet und sich stattdessen einer Pilgergruppe auf dem Weg nach Rom angeschlossen haben. Die Stadt erreichte der Heilige jedoch erst nach vielen Umwegen am Ende seines Lebens, nachdem er unter anderem jahrelang als Einsiedler in

Bild oben: Die Krone, der querliegende Stab sowie die blauen Wellen auf dem Relief verweisen auf den heiligen Jodokus.
Bild unten: Blick von Osten in die Mohrengasse mit den Garagen, an denen das Relief angebracht ist.

einer Klause im Wald gelebt hatte. Als solcher wird er oft mit Bibel und Krone samt Zepter abgebildet, die auf seine Herkunft verweisen. Eine andere Darstellung zeigt ihn mit einem Stab, den er in die Erde stößt, wodurch eine Quelle entspringt: Als er seine Krone beim Antritt seiner Pilgerreise zu Boden warf – und somit seinen Thronverzicht symbolisierte – sei an dieser Stelle eine Quelle entsprungen.

Wie die Kapelle an der Ecke gegenüber der heutigen Zentralbibliothek ausgesehen hat, ist nicht überliefert. Zumindest für das Ende des 19. Jahrhunderts kann Eckhart Wimmer allerdings einen Eindruck vermitteln, wie die Umgebung ausgesehen hat: „Dort, wo heute die Garagen stehen, stand früher eine Remise, in der Pferde untergebracht waren. Dahinter verlief ein kleines Rinnsal, das Richtung Donau floss", erinnert sich der Ulmer an die Schilderungen seiner Vorfahren. Wie die Gegend in den Jahrhunderten zuvor ausgesehen haben mag und auch, wie es hier in Zukunft einmal aussehen wird, muss letztlich der Vorstellungskraft eines jeden Einzelnen überlassen werden.

„Dort, wo heute die Garagen stehen, stand früher eine Remise, in der Pferde untergebracht waren."

So geht's zum Jodokus-Relief:

Das Relief befindet sich zwischen dem Weinhof und der Zentralbibliothek an der Garage des Hauses in der Mohrengasse 2.

In dem Haus mit der Tafel hat einst eine historische Persönlichkeit übernachtet.

30

Erinnerungstafel

Besuch in der Reichsstadt

Die Inschrift ist schwer zu entziffern. Nicht nur, weil die gläserne Abdeckung das Sonnenlicht reflektiert, sondern auch, weil das alte Schriftbild heute nicht mehr geläufig ist. Am ehesten ist noch der Name *Johanes Munsinger* in der dritten Zeile zu erkennen. Schließlich hängt die Tafel an der Stelle, wo früher das Wohnhaus des Stadtarztes Dr. Johannes Münsinger gestanden hat.

Dessen Expertise war allerdings nicht nur von den Menschen in Ulm gefragt: „Münsinger hat 1468 den Grafen von Württemberg, Eberhard im Bart, als Leibarzt auf seiner Pilgerfahrt nach Jerusalem begleitet“, schildert Joachim Unseld die aus der Publikation *Medizinhistorischer Streifzug durch Ulm* bekannten Hintergründe. Nach der Reise ist Münsinger für weitere neun Jahre Eberhards Leibarzt. Zwischenzeitlich verlässt der Arzt die Stadt und übernimmt 1470 eine neugegründete Apotheke in Tübingen. Bereits 1477 hatte Graf Eberhard im Bart (1445-1496) dort die Universität – heute Eberhard Karls

Universität Tübingen – gegründet. Ab 1481 taucht Münsinger wieder als Stadtarzt in Ulm auf – und kriegt Besuch von seinem ehemaligen Patienten:

Als 1494 der Habsburger und spätere Kaiser Maximilian I. (1459-1519) als römisch-deutscher König in Ulm weilt, sucht auch Graf Eberhard die Stadt auf. Doch der habe die Einladung des Bürgermeisters, bei ihm zu nächtigen, mit den Worten ausgeschlagen, „dass er übel zu Fuß sei, und gerne bei Dr. Münsinger in seinem Haus sein möchte".

Der Besuch des Grafen sei das Ereignis, über das die Tafel berichtet, erklärt Joachim Unseld, der bei seiner Recherche von der Stadtarchiv-Mitarbeiterin Dr. Gudrun Litz umfassend Auskunft über die Tafel erhalten hat und liest die Inschrift vor: *Im Hause hier „am Platz" / wohnte bei seinem Leibarzt / Dr. Johannes Münsinger / um kais: MAX / zu grüßen graf Eberhard im Bart / Württembergs geliebter / Herr - ANNO 1494.*

Den Titel „Erwählter Römischer Kaiser" nahm Maximilian I. jedoch erst 1508 in Trient an, und zwar – mit Zustimmung des Papstes – ohne Krönung: Das alles, weil ihm die Adelsrepublik Venedig den Durchzug nach Rom verweigerte. Erklärende Hinweise zu den unteren Wappen sowie die Nennung der Stifter sind der vollständigen Verwitterung zum Opfer gefallen: Auftraggeber der Tafel, die 1913 im ersten Obergeschoss angebracht wurde, waren der Verein für Kunst und Altertum, der Verein Alt-Ulm und die Stadtgemeinde Ulm. Heute schmückt sie die Hauswand, gut sichtbar – wenn auch schwer lesbar – auf Augenhöhe.

So geht's zur Erinnerungstafel:

Die Tafel hängt am nordwestlichen Münsterplatz am Eingang zur Platzgasse direkt neben einem Blumenladen.

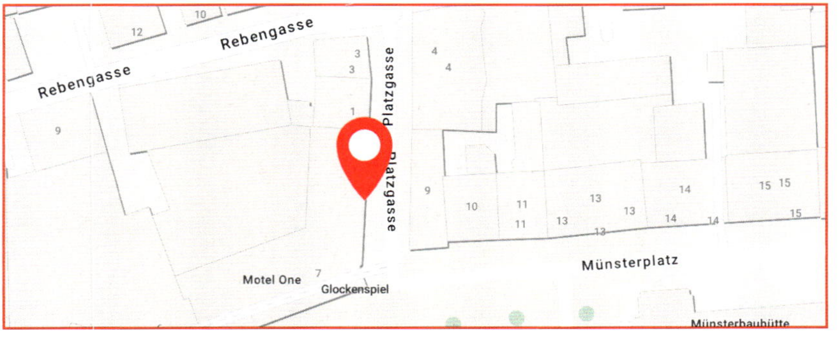

Anne Pröbstle würde auch gerne in einem der alten Soldatenhäuser wohnen.

Grabenhäusle 31

Zum Schutz der Stadt

„Wer möchte hier nicht gerne wohnen?“, fragt Gästeführerin Anne Pröbstle. Gemeint sind die kleinen, aneinandergereihten Häuschen im Norden der Altstadt, die mit ihren bunten Fensterläden und dem vielen Grün als romantisches Fotomotiv bekannt sind. Schwer vorzustellen also, dass sie eigentlich für militärische Zwecke gebaut wurden.

„Im Jahr 1610 wurden insgesamt 175 Grabenhäusle für Wachsoldaten gebaut, wovon sich ein Großteil bis heute erhalten hat“, erklärt die Gästeführerin. In Anbetracht der wachsenden Bedrohung durch die zuvor gegründete „Katholische Liga“ – als Gegenspieler zur „Protestantischen Union“– verstärkte die protestantische

Freie Reichsstadt Ulm ihre Verteidigungsanlagen wenige Jahre bevor der Dreißigjährige Krieg (1618-1648) ausbrechen sollte. Dazu wurden auf den Verteidigungswällen entlang der Stadtmauer kleine Häuser mit jeweils dazugehörigem Gärtchen angelegt, in denen

Von der Heimstraße aus ist deutlich zu erkennen, dass die Soldatenhäuser direkt auf die Mauer gebaut sind.

Soldaten untergebracht werden konnten. Mit ihrer Aussicht auf den Stadtgraben sind diese bis heute als „Grabenhäusle“ oder „Soldatenhäusle“ bekannt.

Seit dem 14. Jahrhundert war die Strecke entlang des Neuen Grabens, Frauengrabens und Seelengrabens strategisch bedeutend, denn mit der Stadterweiterung im Jahr 1316 verlief die Stadtmauer, von den Sedelhöfen kommend, entlang dieser Route. Während des 16. Jahrhunderts wurde die Befestigung zur Verteidigung gegen die neuentwickelten Feuerwaffen zwar entsprechend umgebaut (siehe Geheimnis Vorwehr), doch die voranschreitende Entwicklung in der Waffentechnologie machte zu Beginn des 17. Jahrhunderts weitere Umbaumaßnahmen nötig: Die Stadt ließ nun auf die alte Verteidigungslinie des Geschützwalls Soldatenhäuser bauen, davor wurde eine neue, zusätzliche Bastion angelegt.

Die Grabenhäusle sind für die Militärgeschichte sogar in zweifacher Hinsicht bedeutend: „Carl Teike, Militärmusiker und Komponist, wohnte in einem der Grabenhäuschen mit seiner Frau Babette, einer Ulmer Hutmacherin, und komponierte dort unter anderem den weltberühmten Marsch *Alte Kameraden*“, verrät die Gästeführerin. Das Stück sei unter anderem 1937 auf der Krönungsfeier für König Georg VI. von England (1895-1952) gespielt worden. Der Komponist habe dafür allerdings keinen Pfennig erhalten, denn er hatte die Rechte für 25 Mark an einen Stettiner Musikverlag verkauft.

„Die Grundrisse der Häuser waren einheitlich“, erklärt Anne Pröbstle, „jedes hatte eine Küche, eine Kammer nach hinten und eine Stube in Richtung Stadtseite.“ Die Beleuchtungsfrage sei folgendermaßen gelöst worden: Petroleum am Küchenherd, Gaslicht im Wohnraum, Kerzen neben dem Bettgestell. „Auch die Untervermietung an Schlafgänger war keine Seltenheit. Rückzugsmöglichkeiten waren bei dieser Art des Wohnens so gut wie ausgeschlossen.“ Bis auf die Toiletten hätten die Soldatenhäuser allerdings kaum Ähnlichkeiten mit Kasernen gehabt, in denen sich noch um 1890 bis zu 40 Personen aus zwölf Häuschen einen gemeinschaftlichen Abort teilen mussten. Und heute, merkt die Gästeführer an, würden alle nach durchgreifender Sanierung über eine moderne Küche, Bad und Toilette sowie eine Zentralheizung mit Kachelofen verfügen.

> „Auch die Untervermietung an Schlafgänger war keine Seltenheit.“

„Am Ende der Reichsstadtzeit gingen sie in den Besitz der Bewohner über, ab 1892 kaufte sie die Stadt Ulm gezielt zurück, sodass jetzt die meisten wieder in städtischem Besitz sind.“ Bis heute stellen sie einen beliebten Wohnort in der Stadt dar. Daher würden manche der Häuser, die noch immer im Familienbesitz sind, von einer Generation an die nächste weitervererbt. Wer würde schließlich nicht gerne in einer solchen ruhigen, verkehrsfreien Lage – und doch mitten in der Stadt – wohnen und die Freifläche samt Gärtchen vor dem Haus genießen? „Ja“, bestätigt Anne Pröbstle, „es wäre traumhaft, hier inmitten dieser Idylle ein Häuschen zu besitzen.“

So geht's zu den Grabenhäusle:

Die ehemaligen Soldatenhäuser sind in drei Abschnitten im Norden der Altstadt erhalten: im Neuen Graben, im Seelengraben und im dazwischen liegenden Frauengraben, wo sich die Häuser in ihrer originalen Bauform erhalten haben.

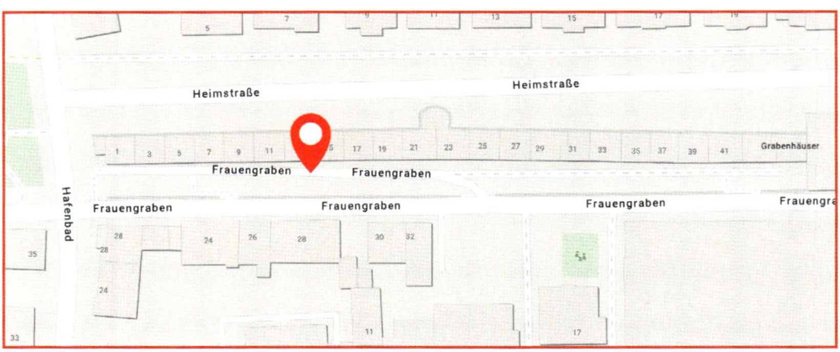

32

Buckelquader

Staufische Befestigungsanlage

Wie ein Flickenteppich steht die mittelalterliche Mauer am Fuß des Weinhofbergs. Seit dem 13. Jahrhundert schützt sie das Areal um den Weinhof, denn der Geländesporn war aufgrund der besonderen topografischen Lage seit jeher für einen herrschaftlichen Bereich prädestiniert: Nicht nur bietet die erhöhte Position einen fortifikatorischen Vorteil, sondern die Lage nah an der Donau ist auch ein verkehrsgeografisch günstiger Platz. Einige der Steine in der Mauer sind gut erhalten. Andere sind bereits verwittert und verblasst und – wie die Stoffreste eines solchen Teppichs – erzählt jeder einzelne der Steine, zu verschiedenen Zeiten aufeinandergelegt, seine eigene Geschichte. „Die großen Buckelquader springen einem dabei sofort ins Auge“, merkt Dr. Jonathan Scheschkewitz an. Wie – und wann – sie ihren Weg in die Mauer gefunden haben, skizziert der Mittelalterarchäologe anhand der Geschichte des von der Mauer geschützten Areals: des Weinhofbergs.

„Die großen Buckelquader springen einem dabei sofort ins Auge.“

„Hier ist die Keimzelle Ulms“, betont der Mitarbeiter des Landesamts für Denkmalpflege die Bedeutung des Weinhofbergs. Bereits die Merowinger hätten im sechsten bis siebten Jahrhundert auf dem Gelände des heutigen Weinhofs gesiedelt. Schriftlich belegt wird der Weinhofberg als Herrschaftssitz schließlich im Jahr 854: König Ludwig der Deutsche (um 806-876) nennt Ulm in einer Urkunde als Königspfalz. „Die Reste der karolingischen Pfalz sind allerdings sehr dürftig. Dass sie auf dem Weinhof existiert hat, steht außer Frage, aber wie sie genau ausgesehen hat, ist unklar. Man darf vermutlich nicht mit einem massiven Steingebäude rechnen wie in der Pfalz in Aachen, sondern vielmehr von einem Holzgebäude ausgehen“, erklärt er die Hintergründe Ulms als Königspfalz. „Belegt ist allerdings, dass es dort eine Pfalzkapelle gegeben hat. Die Frage war aber immer: Wie alt ist der Bau?“ Die Auswertung des archäologischen Materials ergibt eine Datierung in das

Zum Bau der Mauer griffen die Staufer auf Buckelquader zurück, obwohl in Ulm bereits sehr früh - vereinzelt sogar schon im 13. Jahrhundert - Ziegel verwendet wurden.

10. Jahrhundert. In dieser Zeit wird das Pfalzareal auch von der benachbarten Siedlung durch einen vier Meter breiten und über zwei Meter tiefen Graben geschützt – allerdings lassen sich davon im Boden nur einzelne Teilstücke finden. „Auch die Siedlung wurde auf einer Gesamtfläche von etwa 16 Hektar mit einem mehr als fünf Meter breiten und etwa drei Meter tiefen Sohlgraben umfasst“, schildert der Archäologe das rekonstruierte Aussehen der Verteidigungsanlage. In den nächsten Jahrzehnten werden die Grabensysteme immer wieder umgearbeitet, verfüllt und neu angelegt, sodass sich am Ende eine Vielzahl an Teilabschnitten für die heutige Forschung erhalten haben – und der Verlauf nicht immer vollständig rekonstruierbar ist. Aber feststeht: „Immer, wenn ein Befestigungsgraben gefunden wird, gehört dazu auch ein Wall oder eine Palisade.“ Davon habe sich allerdings nichts erhalten – erst mit der nächsten Etappe in der Geschichte der Donaustadt entsteht ein Bau, von dem sich heute noch Spuren im Stadtbild nachweisen lassen.

Der Zahn der Zeit nagt auch an der staufischen Mauer, die im Laufe der Jahrhunderte immer wieder ausgebessert wurde.

„Um 1100 wird die Stadt wegen ihrer strategisch und verkehrsgeografisch günstigen Lage zum ‚Vorort‘ des Herzogs von Schwaben“, erklärt Jonathan Scheschkewitz. Nachdem die Stadt und ihr Umland 1134 im Kampf um das Erbe der ostfränkischen Salier große Schäden davongetragen hat, wird sie ab 1140 unter den Staufern wiederaufgebaut. „In diesem Zusammenhang – etwa um 1200 – entstand auch die staufische Mauer mit den Quadern am Fuß des Weinhofbergs. Die Buckelquader sind somit die ältesten erhaltenen Teile der über zwei Meter dicken Befestigung.“ Allerdings könne nicht unterschieden werden, schränkt der Archäologe ein, welche Teile der Befestigung der Originalbausubstanz aus dieser Zeit entsprechen, denn im Laufe der Jahrhunderte sei es immer wieder zu Ausbesserungen gekommen. Arbeiten, die nicht nur zur Verteidigung wichtig gewesen seien, sondern auch, weil die Mauer als Stützmauer für die darauf gebauten Häuser diente.

Massive Veränderungen erlebt die Stadt erneut im 14. Jahrhundert. „Der Platzbedarf konnte einfach nicht mehr gedeckt werden. Daher wuchs die Stadt 1316 von 16 Hektar auf das Vierfache an“, erklärt der Mittelalterarchäologe. In dieser Zeit seien allerdings keine Buckelquader mehr verbaut worden, sondern kleinteiligere Elemente wie beispielsweise Bruchsteine. „Auch Backsteine wurden überwiegend zum Bau der Mauern verwendet“, merkt der Archäologe an. Die Buckelquader ließen demnach recht zuverlässig Rückschlüsse auf die Baugeschichte ziehen – nicht nur in Ulm: „Findet man beispielsweise auf Burganlagen in Baden-Württemberg solche Buckelquader, weiß man, dass man sich im fortgeschrittenen 12. und 13. Jahrhundert befindet“, erklärt Scheschkewitz.

In der staufischen Mauer am Fuß des Weinhofberges finden sich hingegen alle Phasen wieder: die alten Buckelquader, Bruchsteine, Backsteine sowie Zeugnisse moderner Eingriffe wie die verputzte Oberfläche. Gemeinsam ergibt die Mauer ein Bild, das – wie ein Flickenteppich – unzählige Geschichten in sich trägt.

So geht's zum Buckelquader:

Die Buckelquader als Bestandteile der staufischen Umfassungsmauer finden sich an der Schwörhausgasse, die südlich an den Weinhof anschließt.

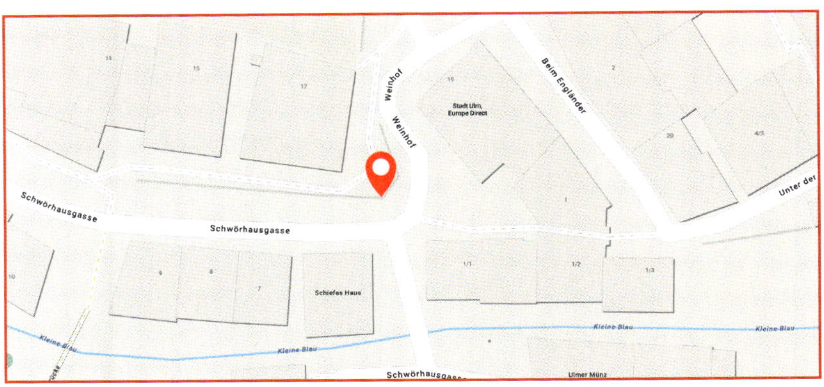

33

Reduit

Bei Fertigstellung veraltet

Wie winzig der Mensch angesichts der imposanten Mauern des Bollwerks erscheint! Die Türme des sogenannten Reduits, aufgebaut aus hellem Jurakalkstein, lassen die Mächtigkeit des Mauerwerks erahnen – schließlich gehört das Reduit als Teil der Oberen Donaubastion zur Bundesfestung. Die Ironie liegt jedoch darin, dass die einst größte Festungsanlage Europas, einschließlich der westlichen Bastion an der Donau, bereits bei ihrer Fertigstellung veraltet war.

„Die Obere Donaubastion wurde in der Mitte des 19. Jahrhunderts als Teil der Bundesfestung errichtet“, schildert Henrike Hampe die Geschichte des Bollwerks, „zur Zeit des Deutschen Bundes wurde Ulm zur riesigen Festungsstadt ausgebaut.“ Da die Donaustadt bereits zuvor als Garnisonsstadt militärisch bedeutend war, sollte dort eine gemeinsame Bundesfestung des Deutschen Bundes (1815-1866) errichtet werden – aus Angst, Frankreich könnte nach den Napoleonischen Kriegen (1803-1815) erneut einmarschieren. „Die Stadt wurde mit großen Gebäuden, Festungsgräben und Wällen befestigt“, fährt die wissenschaftliche Mitarbeiterin und Kuratorin des Donauschwäbischen Zentralmuseums (DZM) fort. Entlang des neun Kilometer langen Hauptwalls um die Stadt befanden sich mehrere Bastionen, wie die Wilhelmsfeste im Norden, die Untere Donaubastion im Westen – und die Obere Donaubastion im Osten. Hinter dieser Bastion schließe das Reduit an, das heute das Museum beherbergt. „Das Reduit der Oberen Donaubastion diente als Rückzugskaserne“, erklärt Henrike Hampe die Funktion des Baus. Sollte die Stadt bedroht werden, konnten sich die Soldaten also in die beschusssichere Verteidigungsanlage im Kern der Festung zurückziehen und Ulm von dieser Position aus verteidigen. Die der Stadt zugewandte Seite, die für die Verteidigung nicht relevant war, besteht aus dünnen Ziegelsteinmauern, während die abgewandte Seite aus massiven Kalksteinmauern erbaut wurde, um den Angriffen des Feindes standhalten zu können.

„Der eigentliche Zweck des Gebäudes ist allerdings nie zum Einsatz gekommen“, berichtet Henrike Hampe,

Dr. Swantje Volkmann und Henrike Hampe arbeiten in dem Reduit, das heute das Donauschwäbische Zentralmuseum beherbergt.

„denn es kam in der Zeit zu keinerlei Kriegshandlungen." Ein Glück, nicht nur für die Menschen, sondern auch für den Bau: Die Waffentechnologie hatte sich bis zu dessen Fertigstellung im Jahr 1855 nämlich stark verändert.

Um den Aufprall einschlagender Kanonenkugeln abzudämpfen, war das Dach des Reduits früher mit Erde bedeckt.

Statt mit Kanonenkugeln zu schießen, die im dicken Gemäuer stecken geblieben wären, kamen nun Sprengsätze und ähnlich fortschrittliche Waffentechnologien zum Einsatz. „Somit war die Bundesfestung bereits bei ihrer Fertigstellung überholt." Das sei ein Schicksal, das auf die meisten Festungen zutreffe, ergänzt ihre Kollegin Dr. Swantje Volkmann. „So erging es praktisch allen Festungen in Südeuropa. Insbesondere die Habsburger Monarchie hat unglaublich viel Geld in das Fortifikationsbauwesen investiert, aber zum Zeitpunkt der Fertigstellung war die Zeit bereits über sie hinweggegangen." Was also anfangen mit den Gebäuden der Oberen Donaubastion? Während der benachbarte Bau heute unter anderem das Kulturzentrum „Roxy Ulm" beherbergt, befindet sich im Reduit das Donauschwäbische Zentralmuseum. Und das mache aufgrund der Geschichte des Baus viel Sinn, ist Henrike Hampe überzeugt.

„Ulm ist bis heute *die* symbolische Stadt, mit der die Deutschen aus Südosteuropa etwas verbinden können, wenn sie an ihre Ahnen und deren Geschichte denken. Im Reduit wurden nach Ende des Zweiten Weltkriegs *Displaced Persons* und Ausgebombte untergebracht – Menschen ohne Zuhause. Zur gleichen Zeit fanden viele geflüchtete Donauschwaben ihre erste Unterkunft in anderen Kasernen der Stadt Ulm, am Kienlesberg, in der Sedanstraße und in der Wilhelmsburg", fährt Henrike Hampe fort und erklärt, warum die Stadt Ulm für die Donauschwaben eine solche Bedeutung hat: „Von hier wanderten im 18. Jahrhundert viele Menschen aus, indem sie mit den sogenannten *Ulmer Schachteln* donauabwärts fuhren. Diese Auswanderungsgeschichte wurde im Gedächtnis der Nachkommen weitergetragen." Eine solche „Schachtel" befinde sich auf der Grünfläche vor dem Reduit, merkt die Kuratorin an. Der Hintergrund der Auswanderung sei gewesen, dass mit der Zurückdrängung des Osmanischen Reichs im heutigen Ungarn und Rumänien immer größere Landstriche durch Kriegshandlungen verarmt und entvölkert worden waren. Da die dortige Bevölkerung, die stark unter den Kriegen gelitten hatte, nicht in der Lage gewesen sei, diese Gebiete aus eigener Kraft wieder zu kultureller Blüte zu bringen, veranlassten die Grundherren und der Kaiser in Wien, dort Ansiedlungen vorzunehmen.

„Es war eine gewollte Einwanderung", ergänzt Dr. Swantje Volkmann, „und die Menschen kamen nicht nur aus Süddeutschland, sondern auch aus vielen anderen Ländern und Regionen wie Italien, Lothringen, Hessen oder der Pfalz." Ulm habe damals sehr von dieser Auswanderung profitiert.

„Nachdem der Gebäudekomplex in den 1990er-Jahren aufwendig restauriert worden war, zog 2000 das Donauschwäbische Zentralmuseum darin ein", erklärt Henrike Hampe den Zusammenhang zwischen dem Reduit und dem Museum. Von der einstigen militärischen Funktion der Oberen Donaubastion und des dazugehörigen Reduits ist also nichts geblieben. Nur die dicke Fassade aus Kalksteinen erinnert an die einst größte Festungsanlage Europas.

So geht's zum Reduit:

Die Obere Donaubastion befindet sich südwestlich der Altstadt zwischen der Donau und der B10. Das Reduit als Rückzugsort der Soldaten liegt direkt an der Schillerstraße.

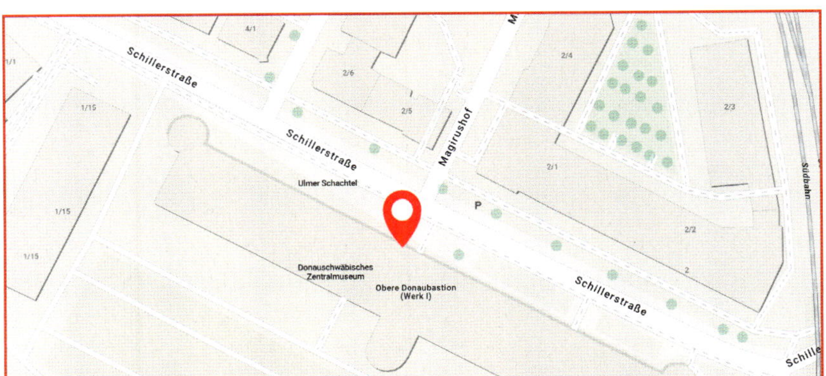

In prächtigen Farben präsentiert sich die „Mondsichel-Madonna" vor einer Kirche. Doch etwas stimmt nicht mit der Darstellung.

34 Madonna

Verräterisches Detail

Die Herrenkellergasse entlangzuschlendern, ist ein wahrer Genuss: Erker, prächtige Gesimse, unterschiedliche Dachformen und zahlreiche architektonische Spielereien, die den Geist vergangener Jahrhunderte atmen. Das Haus mit der Nummer 8 zeigt sich hingegen in eleganter Zurückhaltung. Nur die im ersten Obergeschoss eingelassene Bildnische verrät, dass hinter der schlichten Fassade mehr schlummert, als der erste Eindruck vermuten lässt. Auf dem Bild ist Maria, auf einer Mondsichel stehend, mit dem Jesuskind auf dem Arm dargestellt. Die Symbolik der „Mondsichel-Madonna" beruht auf einer Bibelstelle in der *Offenbarung des Johannes*, in der eine Endzeitvision beschrieben wird. Im

Hintergrund ist ein Kirchenbau mit zwei Türmen zu erkennen, in der linken oberen Ecke steht die Zahl *1461*. Stammt das restaurierte Gemälde also ursprünglich aus dieser Zeit? Wer genau hinschaut, merkt schnell, dass das nicht stimmen kann.

Was das Alter des Hauses betrifft, so ergab die Altersbestimmung eines verbauten Balkens, dass der zugehörige Baum im Winter 1459/1460 gefällt wurde. Auch die Befunde am Bauwerk würden für eine Datierung ins 15. Jahrhundert sprechen, wie Christoph Kleiber in *Geschichte des Roggenburger Hofs in Ulm* schildert. Indirekt sei das Haus bis ins Jahr 1551 archivalisch zurückzuverfolgen, gesichert ist es spätestens ab dem Jahr 1650 über einen Verkauf des Nebenhauses – durch das Kloster Roggenburg, das nachweislich drei Häuser in Ulm besaß. Auch wenn die Aufzeichnungen nur lückenhaft vorliegen, ist es doch sehr wahrscheinlich, dass das Haus mit Bildnische 1495 aus dem Privatbesitz einer Witwe zum Kloster Roggenburg überging und für die nächsten drei Jahrhunderte als Pfleghof genutzt wurde.

> „Die Kirchenfassade zeigt barocke Hauben über den Türmen, allerdings noch nicht den erst um die Mitte des 18. Jahrhunderts neuerrichteten Kirchenbau, sondern noch die zwischen Türmen liegende ältere Westfassade der Kirche."

Pfleghöfe bildeten im Mittelalter die logistischen Außenzentren von Klöstern. Meist in Städten eingerichtet, dienten sie als Warenlager und Umschlagplatz für den Handel, fungierten aber unter Umständen auch als Sammelstelle für den Kirchenzehnt, boten Unterkünfte für Ordensleute während ihres Stadtaufenthalts oder erfüllten repräsentative Funktionen. Verwaltung und Instandhaltung des Gebäudes oblagen einem Hofmeister, der im Pfleghof wohnte und bevollmächtigt war, ungenutzte Räumlichkeiten zu vermieten.

Der Rahmen, bei dem es sich um eine spätgotische „Eselsrückennische" handelt, spricht ebenfalls für eine Datierung ins 15. Jahrhundert. Doch das Bild selbst – mit der Darstellung der Madonna vor dem Umriss des Klosters Roggenburg – kann nicht aus derselben Zeit stammen. Abgesehen davon, dass das Haus erst einige Jahrzehnte später als Pfleghof im Besitz des Roggenburger Klosters war, gibt es einen noch viel offensichtlicheren Hinweis: „Die Kirchenfassade zeigt barocke Hauben über den Türmen, allerdings noch nicht den erst um die Mitte des 18.

Jahrhunderts neuerrichteten Kirchenbau, sondern noch die zwischen Türmen liegende ältere Westfassade der Kirche", wie Christoph Kleiber schreibt. Somit entspricht die Fassade zwar dem Zustand vor dem Neubau der Kirche 1752, doch die barocken Hauben über den Türmen entlarven, dass das dargestellte Motiv nicht älter sein kann.

„Es ist deshalb zu fragen, ob die Jahreszahl ursprünglich auf das Gemälde geschrieben wurde oder ob es sich hier um eine nachträgliche, auf Überlieferung beruhende Einschätzung handelt", überlegt Christoph Kleiber in seiner Publikation. So oder so – klar ist, dass das Motiv mit den barocken Türmen nicht aus dem Jahr 1461 stammen kann.

Es gab zum Gebäude und auch zur Nische eine restauratorische Untersuchung durch den Restaurator Bruno Kübler. Sie diente dazu, das frühere Aussehen so weit wie möglich zu erforschen, und ein paar Dinge konnten herausgefunden werden. Letztendlich sind diese Ergebnisse „nur Glanzlichter einer wechselvollen Geschichte, die sich in einem alten Gebäude abgespielt hat", wie der Autor weiter schreibt.

So geht's zur Madonna:

Das Gemälde hängt in der nördlichen Altstadt im ersten Obergeschoss der Herrenkellergasse 8.

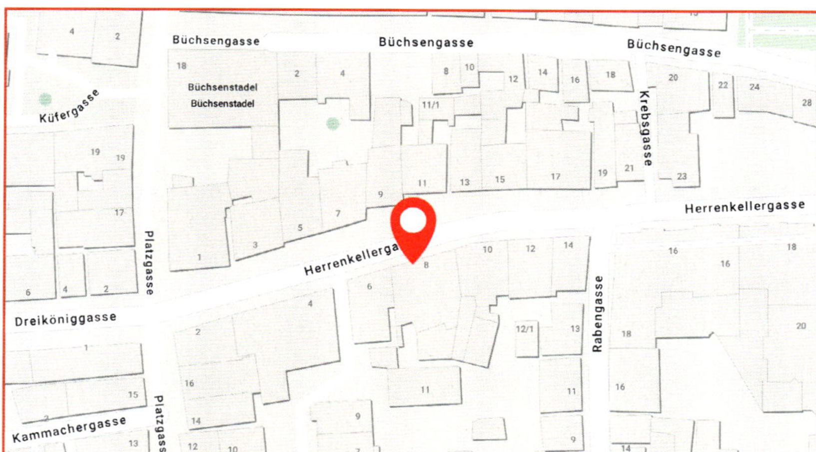

Bewohner Alexander Rosenstock weiß, was es mit dem Relief an der ehemaligen „Villa Ott" auf sich hat.

Werkstattrelief 35

Ott'sches Firmengelände

„Ein Mann, der recht zu wirken denkt, / Muß auf das beste Werkzeug halten", liest Alexander Rosenstock den Spruch auf dem Relief vor. Es sind Worte aus dem „Vorspiel auf dem Theater" der Tragödie *Faust I* von Johann Wolfgang von Goethe (1749-1832), die vermutlich kaum ein Vorbeigehender wahrnimmt, denn das Relief hängt sehr weit oben: im 3. Obergeschoss an der Südseite eines Hauses in der König-Wilhelm-Straße. Und wer hat schon eine Ahnung, warum es überhaupt an dieser Stelle hängt? Als Bewohner des „Villa Ott" genannten Hauses weiß Alexander Rosenstock, was es mit dem in Kunstsandstein gearbeiteten Relief auf sich hat.

„Das denkmalgeschützte Gebäude stand einst am Rande eines Firmenareals, das sich um die Wende vom 19. zum

20. Jahrhundert in der neugegründeten Neustadt entwickelte“, erklärt der Bibliothekar. „Diese Firma, die später *ULMIA* hieß, produzierte – überregional als Marktführer bekannt – Werkzeuge für das Schreinerhandwerk.“ Älteren Schreinern, merkt er an, sei der Firmenname noch ein Begriff – als der „Daimler unter den Schreinerwerkzeugen“. Von dem Firmenkomplex habe sich allerdings wesentlich mehr erhalten als nur das Relief. Wer auf eine Stadtkarte schaut, erkennt die einstige Form, „da bei einer Eckkneipe die König-Wilhelm-Straße und die Friedenstraße v-förmig zusammenlaufen. Hinter der alten Bausubstanz liegt heute ein sehr familienfreundlicher Wohnpark, bestehend aus vier großen Blöcken und einem Innenhof. Das ist das Areal, auf dem die Firma produziert hat.“

„Diese Firma, die später ‚ULMIA‘ hieß, produzierte – überregional als Marktführer bekannt – Werkzeuge für das Schreinerhandwerk.“

Die Geschichte der Firma reicht zurück ins Jahr 1877, als deren Gründer Georg Ott seinen Betrieb ins Leben ruft, aus dem später „ULMIA“ werden sollte. Nachdem Georg Ott das Schreinerhandwerk erlernt hat und in Genf, Wien, Dresden und Berlin auf Wanderschaft war, gründet er nach seiner Rückkehr in der Radgasse seine eigene Tischlerei. Durch das Patent eines verstellbaren Winkelschneideapparats, die „Ott’schen Gehrungssägen“, wächst die Nachfrage nach seinen Produkten stetig.

Daher expandiert er im Jahr 1887, kauft die alte Wagenfabrik am Frauentor und erweitert dort den Betrieb um ein Sägewerk. Bereits zehn Jahre später erwirbt er das Grundstück an der König-Wilhelm-Straße, wo ein riesiges Firmenareal mit Dampfanlage, Holzlagerplatz und Spezialschuppen entsteht. Anfang des 20. Jahrhunderts führt Georg Ott „ULMIA“ schließlich als Marke ein. „Die Firma Georg Ott […] gehört zu denjenigen Industriebetrieben, deren Entwicklung auf den bescheidensten Anfängen ihres Begründers aufgebaut ist. Sie hat sich durch die Originalität ihrer von fortschrittlichen Ideen getragenen Erzeugnisse einen weitreichenden Ruf zu erwerben und zu erhalten gewusst“, ist in der Denkschrift anlässlich des 50-jährigen Bestehens im Jahr 1927 zu lesen. Nur wenige Monate nach Erscheinen der Jubiläumsschrift stirbt Georg Ott im Alter von 74 Jahren, zuvor hatte er in Anerkennung seines Wirkens den Titel eines *Königlichen Kommerzienrates* erhalten.

Im Verlauf des Zweiten Weltkriegs wurde das Firmengelände bei dem Luftangriff am 17. Dezember 1944 zunächst nur leicht beschädigt, am 1. März 1945 jedoch vollständig zerstört. Nachdem das Unternehmen an einem anderen Standort wieder errichtet wurde, bestand es bis zur Insolvenzanmeldung im Jahr 2002, als auch der Markenname „ULMIA" von der Firma Anton Kessel übernommen wurde – und somit bis heute existiert.

Vom Firmenareal in der König-Wilhelm-Straße hat sich zudem das Gebäude erhalten, in dem der Firmeninhaber einst wohnte, weshalb es von der Bewohnerschaft noch immer „Villa Ott" genannt wird. „Über dem Haupteingang finden sich außerdem noch die Initialen *GO* sowie die Zahlen *19* und *04* – für das Jahr der Fertigstellung", sagt Alexander Rosenstock. Das steinerne Relikt an der Südseite erinnere ebenfalls an den Handwerksbetrieb: „Das Relief zeigt eine Schreinerwerkstatt, in der drei Männer ihrer Arbeit nachgehen", beschreibt der ehemalige Leiter der Zentralbibliothek das Objekt. Im Hintergrund sei eine Werkzeugwand dargestellt, während daneben der Blick durch ein offenes Fenster auf einen dampfenden Schornstein falle. Darüber ziere das Goethe-Zitat das Steinrelief. „Der Steinmetz wusste wohl nicht, dass der Dichterfürst sich selbst mit *oe* schrieb", merkt der Bibliothekar scherzhaft an, „tatsächlich war die Schreibweise mit *ö* im 19. Jahrhundert noch populär."

So geht's zum Werkstattrelief:

Östlich des Alten Friedhofs hängt das Relief an der Südseite des Gebäudes Nummer 17 in der König-Wilhelm-Straße. Das Ott'sche Firmengelände grenzte an Hinterhöfe und Gärten der Häuser auf der Südseite der Schülinstraße.

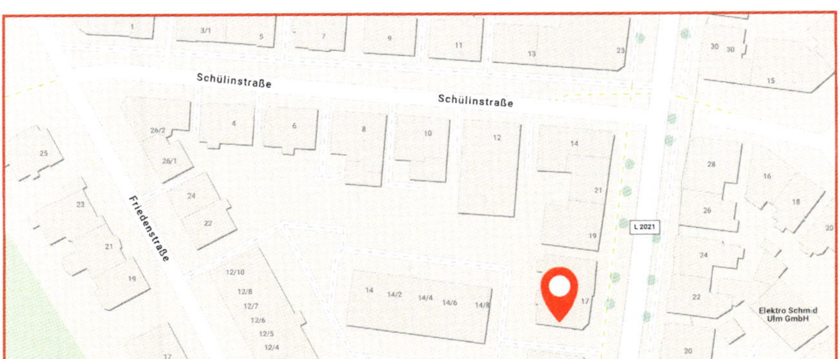

36

Garnsiede

Wozu denn das?

Das Haus in der Schwörhausgasse 3 sieht ganz unscheinbar aus – stiehlt doch ohnehin das schräg gegenüberliegende „Schiefe Haus", das laut *Guinness-Buch der Rekorde* das schiefste Hotel der Welt beherbergt, jede Aufmerksamkeit. Was es mit dem Haus an der Großen Blau auf sich hat, ist jedoch mindestens genauso spannend, wie ein Blick durch die gläserne Tür auf der Südseite des Gebäudes zeigt: Darin befinden sich die baulichen Überreste eines neuzeitlichen Handwerksbetriebs, der für die Reichsstadt von großer Bedeutung war. Zu Beginn von Sanierungsarbeiten an dem Haus im Jahr 1999 ahnte noch niemand, was unter dem Fußboden zum Vorschein kommen würde.

„Das Gebäude besteht aus zwei Vollgeschossen mit einem dreigeschossigen Satteldach", beschreibt Dr. Stefan Uhl, der für die Denkmalpflege und Stadtbildgestaltung in Ulm zuständig ist, den Aufbau des Hauses. Auf die erste Hälfte des 15. Jahrhunderts datiere die älteste Bausubstanz des Gebäudes, von der sich heute nur die Deckenbalken über dem Obergeschoss sowie ein Großteil des Dachwerkes erhalten hätten. In der frühen Neuzeit – vor allem im 17. Jahrhundert – fanden umfangreiche Umbauarbeiten statt, bei denen das Fachwerkhaus mit Backsteinwänden ausgestattet worden sei. In zwei Schritten entstand zudem in der östlichen Hälfte ein großer Raum mit Tonnengewölbe, in dem die baulichen Überreste des Handwerksbetriebs bei den Sanierungsarbeiten zutage traten.

Als die archäologischen Ausgrabungsarbeiten beginnen, ist Stefan Uhl mit dabei. „Die Archäologen haben dort Reste von Öfen, Becken und Wasserleitungen entdeckt, die zu einer ehemaligen Garnsiede gehört haben", erläutert er die Funde. Die Umbauten des 17. Jahrhunderts würden zu der im Jahr 1634 veranlassten Verlegung der Garnsieden – als Folge des andauernden Dreißigjährigen Krieges – von der Donauinsel in den ummauerten Stadtbereich passen. In der Garnsiede habe es drei Funktionseinheiten gegeben: „In dem großen Raum mit Tonnengewölbe fanden sich verschieden große Kesselöfen sowie ein Wasserbecken. Wegen der Feuergefahr und des starken

Dr. Stefan Uhl war bei der Entdeckung der baulichen Überreste der Garnsiede dabei.

Wasserdampfanfalls war der Raum eingewölbt." Denn hinter der Ostwand habe sich der Heizungswinkel befunden, von dem aus die Feuerungsöffnung der Garnsiedeöfen beheizt werden konnte. Im westlichen Teil des

Die Glastüren auf der Südseite erlauben einen Blick in das Innere des Gebäudes.

Gebäudes seien weitere Werkstatträume gewesen.

Wie die Arbeit in der Garnsiede ablief, beschreibt Annegret Kotzurek in *Wo das Garn gesotten wurde*. Demnach musste das aus Flachs gedrehte Garn, bevor es zu Stoff verwebt wurde, entsprechend bearbeitet werden: Die lose zusammengedrehten Fäden wurden zunächst in einem großen hölzernen Gefäß mit warmem Wasser eingeweicht, um so Verunreinigungen zu entfernen, und anschließend im Bleichkessel in einer Lauge aus warmem Wasser und Holzasche 12 Stunden lang gekocht. Nach dem Auswaschen des Garns mit klarem Wasser legten die Garnsieder die Bündel in eine sogenannte „Böde", einen kegelförmigen Zuber. Dort bedeckte ein grobes Leinenlaken die Garnbündel, um die Aschereste der Lauge aufzufangen. Denn im nächsten Schritt wurde das Garn „gebückt": mit heißer Lauge übergossen, die – aufgefangen – wieder erhitzt und anschließend erneut darüber geschüttet wurde. Ein Vorgang, so schreibt Annegret Kotzurek, der in der Regel 18 Wiederholungen hatte. „Garnsieden hatten natürlich einen entsprechend hohen Wasserbedarf", merkt Stefan Uhl an und verweist auf die Lage an der Blau. Auch wegen der ständigen Feuergefahr sei dieser Standort sinnvoll gewesen. Abschließend wurde das Garn mehrere Tage lang im Freien getrocknet und gebleicht. Je nachdem, welcher Bleichegrad erreicht werden sollte, wurde das „Bücken" wiederholt. Aus dem so gesottenen Garn entstanden dann Kettfäden, die für die Herstellung von Textilien verwendet werden konnten.

„Das Sieden des Flachsgarns war sowohl für die Herstellung der Leinwand als auch des Barchents wichtig", erläutert der Ulmer Denkmalpfleger. Barchent, ein ursprünglich aus Mailand stammendes Stoffgemisch aus Leinen und Baumwolle, entdeckten die Ulmer im 14. Jahrhundert für sich – und machten die Textilie zu einem Exportschlager. „Da aber die Baumwolle“, so schreibt Annegret Kotzurek, „nach dem Stand der Technik noch nicht in der für den Kettfaden erforderlichen Länge und Festigkeit hergestellt werden konnte, wurde zu diesem Zweck Flachs verwandt.“ In den Garnsieden erhielt das gräuliche Garn durch das Bleichen nicht nur eine ansehnlichere Farbe, sondern machte den so verarbeiteten Flachs auch widerstandsfähiger, elastischer und geschmeidiger.

Ulmer Barchent war wegen seiner Qualität weithin gefragt und wurde über die Donau in viele europäische Städte exportiert – ein Produkt, dem die Donaustadt ihren Reichtum zu verdanken hat. Durch die Konkurrenz mit dem *cotton*, dem Baumwollstoff aus England und den Niederlanden, wendete sich die Ulmer Textilindustrie später wieder verstärkt der Herstellung von Leinwand – einem festen Gewebe aus Leinen – zu. Im Laufe des 19. und frühen 20. Jahrhunderts wurde der Handwerksbetrieb dann endgültig aufgegeben, in dem Haus folgten bauliche Veränderungen. Bis ins Jahr 1999 sollten die Überreste der Garnsiede dann unter dem Fußboden auf ihre Entdeckung warten.

So geht's zur Garnsiede:

Direkt an der Großen Blau befand sich der Handwerksbetrieb in dem Haus in der Schwörhausgasse 3. Auf der Südseite des Hauses erlauben die Glastüren einen Blick auf die baulichen Reste, die auf Anfrage bei der Ulm/Neu-Ulm Touristik besichtigt werden können.

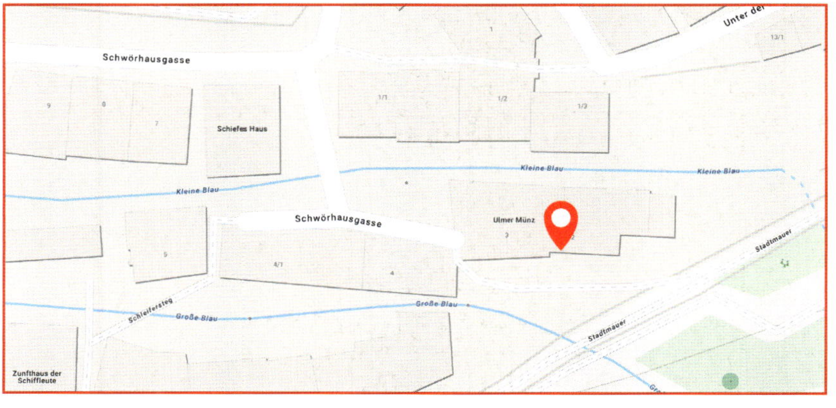

Ein altes und ein neues Guckehürle. Was haben die Menschen früher von dort aus beobachtet?

37 Guckehürle

Über den Dächern Ulms

„Wer einen guten Nachbarn hat, braucht keinen Zaun", besagt ein Sprichwort. Dass sich die Bevölkerung auch damals schon auf eine gute Nachbarschaft verlassen konnte, bezeugen die kleinen Ausgucke auf dem First vieler Dächer. Gemauert auf zwei Sparrenpaare, ist der Aufbau über eine steile Treppe vom obersten Dachboden aus zugänglich, von wo die ganze Stadt überblickt werden kann. „Auf einer Stadtansicht von 1677 sind zwei dieser Türmchen deutlich zu erkennen", erklärt Gästeführerin Anne Pröbstle. Der früheste Hinweis befinde sich jedoch im Ulmer Münster auf einer im Jahr 1430 entstandenen Glasmalerei von Hans Acker (um 1380-1461): Darauf ist Noah auf seiner Arche zu sehen, der aus einem kleinen Türmchen hinausschaut, das in seiner Form an die Guckehürle erinnert.

Während es von der Vielzahl der Türmchen bereits vor dem Zweiten Weltkrieg nur noch 43 Stück gab, sind es heute deutlich weniger Exemplare. Ein altes Guckehürle hat sich allerdings in der Herrenkellergasse erhalten, ein modernerer Aufbau findet sich in der parallel verlaufenden Büchsengasse.

Warum die Türmchen so heißen, ist nicht ganz geklärt. „*Gucke* bedeutet im Schwabenland schauen, sehen oder spähen. Einerseits wird die Bezeichnung vom schweizerischen *Hürli* als oberstes Giebelfenster abgeleitet, zum anderen könnte sich der zweite Teil des Wortes auch auf den altbayerischen Rauchfang, die *Hur*, beziehen", stellt Anne Pröbstle sprachliche Bezüge her.

Doch wozu dienten die Guckehürle, die im süddeutschen Raum auch in Nördlingen, Augsburg, Memmingen, Kaufbeuren und Ravensburg belegt sind? „Wenn es in der Stadt irgendwo brannte, konnte man von dort oben gut die Quelle des Feuers ausfindig machen", erklärt die Gästeführerin, was es damit auf sich hat, und ergänzt: „Von dort konnten natürlich auch feindliche Truppen beobachtet – und beschossen – werden." So soll laut einer Überlieferung ein Bürger namens Leonhard Wieland im Jahr 1805 vom Guckehürle in der Griesbadgasse die sich nähernden napoleonischen Truppen erspäht haben. „Deren Kugeln, so ist es überliefert, seien Wieland regelrecht um die Ohren gepfiffen", gibt Anne Pröbstle die Erzählung wieder. Feststeht: Eine aufmerksame Nachbarschaft war – und ist – viel wert. Schließlich ist „ein guter Nachbar besser als ein Freund in der Ferne", wie es in einem anderen Sprichwort heißt.

So geht's zum Guckehürle:

Ein solcher alter Ausguck befindet sich nördlich des Münsters in der Herrenkellergasse 12. Der kleine Durchgang zur Büchsengasse, die Krebsgasse, führt direkt zu einem weiteren Guckehürle.

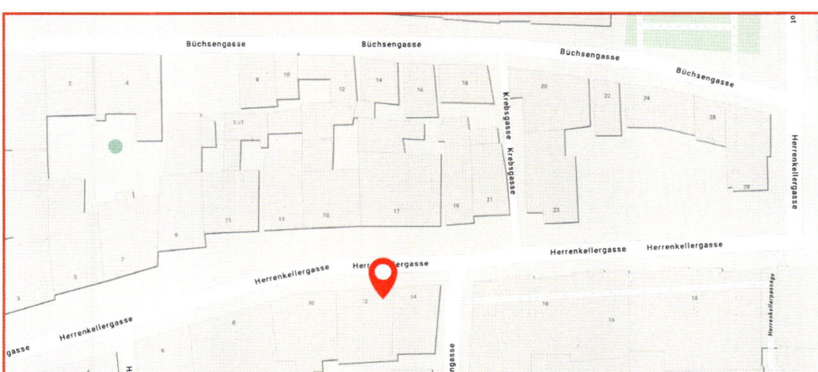

Während das Kreuz über den Fenstern golden auf rotem Grund gestaltet ist, trugen die Ordensbrüder schwarze Kutten mit einem roten Kreuz auf blauem Grund.

38 Steinkreuz

Alten- und Krankenpflege

Golden schimmert das Steinkreuz auf rötlichen Untergrund. „Lange war es fast gar nicht sichtbar, weil Efeu den Blick darauf verdeckte“, sagt Dagmar Hub. Durch die Renovierung der Fassade sei das Relikt wieder zum Vorschein gekommen, ebenso wie noch ein weiterer Stein am benachbarten Fenstersturz. Wer jedoch nimmt den Fensterschmuck überhaupt wahr – und wer weiß, was es damit auf sich hat?

Die Geschichte rund um die beiden Steinkreuze führt zunächst in ein französisches Städtchen: In Montpellier wird im Jahre 1198 eine engagierte Bruderschaft von Papst Innozenz III. (1161-1216) als „Hospitalorden zum Heiligen Geist“ anerkannt. Der Alten- und Krankenfürsorge verschrieben, breitet sich der Hospitalorden von Frankreich nach Italien und Süddeutschland aus – bis nach Ulm. „Erstmals wird das Ulmer Spital im Jahr 1240 urkundlich erwähnt", erklärt Autorin Dagmar Hub. In besagter Urkunde stellt König Konrad IV. (1228-1254) die Institution unter seinen Schutz. Zu diesem Zeitpunkt gab es in der Donaustadt bereits eine andere Einrichtung, die sich der Pflege Bedürftiger angenommen hatte: „Seit dem Ende des 12. Jahrhunderts befand sich auf dem Michelsberg ein Spital der Augustinerchorherren zur Aufnahme der Armen und Pilger", fährt die Journalistin fort. Da dieses jedoch 1215 auf die Blauinseln verlegt worden war, könnte es – abseits der großen Straßen – seine Funktion als Pilgerspital möglicherweise verloren haben. Schriftliche Quellen, die diese Annahme belegen, gibt es allerdings nicht. Klar ist jedenfalls, dass das von der Ulmer Bürgerschaft eingerichtete Heilig-Geist-Spital bald diese Aufgaben übernahm. Ab dem 13. und 14. Jahrhundert trennt sich das Spitalwesen zunehmend von den Klöstern und fällt in die Zuständigkeit der Stadt. Insbesondere ab dem 15. Jahrhundert kommen sogenannte „städtische Pfleger" zum Einsatz, welche die Aufgaben der Verwaltung übernehmen, meist wahrgenommen durch Angehörige eines Ulmer Patriziergeschlechts, wie die Familie der Krafft oder Roth, wie Stefan Lang in seiner Publikation *Vom Ulmer Heilig-Geist-Spital zur Hospital-Stiftung* schildert.

> „Das Haus, an dem sich die beiden Relikte befinden, war früher die Scheune des Spitals und ist das einzige Gebäude, das sich erhalten hat."

Die Bedeutung des Heilig-Geist-Spitals ist für die Bevölkerung von unschätzbarem Wert: Während sich die wohlhabende Bürgerschicht zu Hause ärztlich versorgen lässt, sind insbesondere die Mittellosen auf diese Einrichtung angewiesen. „Das Heilig-Geist-Spital diente nicht nur zur Versorgung der Armen und Kranken, sondern beispielsweise auch für Obdachlose, Witwen oder Alte", er-gänzt Dagmar Hub. Ab dem Jahr 1527 finden sich dort auch Waisenkinder sowie Syphilis- und Pestkranke ein, welche zuvor in anderen Einrichtungen untergebracht waren.

Laut einem Plan aus dem Jahr 1597 besteht das Heilig-Geist-Spital aus zwei großen, von der Spitalkirche getrennten Höfen, in denen sich unter anderem Wirtschaftsgebäude zur Verwaltung, eine Bäckerei und eine Schmiede sowie Scheune und Ställe befinden. „Das Haus, an dem sich die beiden Relikte befinden, war früher die Scheune des Spitals und ist das einzige Gebäude, das

Dagmar Hub zeigt auf eines der beiden Relikte am ehemaligen Ochsenstadel des Heilig-Geist-Spitals

sich erhalten hat", bedauert Dagmar Hub und ergänzt: „Auch die ‚Dürftige Stube' hat nicht überdauert, die so ‚dürftig' gar nicht war." In dieser spätgotischen Gewölbehalle wurden, unterteilt in drei Abschnitte, die kranken Frauen, Männer sowie die besonders Pflegebedürftigen untergebracht. Für das Jahr 1502 sind 209 Bedürftige im Spital nachgewiesen. Zum Vergleich: Etwa 17.000 Menschen leben zu dieser Zeit in der Donaustadt. Aufgrund der hohen Nachfrage werden ab 1463 allerdings nur noch Bedürftige aufgenommen, die bereits länger als zehn Jahre in Ulm wohnen, ab 1503 sind zwanzig Jahre Mindestwohndauer Voraussetzung zur Aufnahme in das Spital.

Wie die Menschen um 1500 im Spital versorgt werden, bezeugt eine überlieferte Speiseordnung: Der Tag beginnt „in der Regel mit einem Getreidemus oder dienstags, donnerstags und sonntags mit einer Suppe, einem Stück Fleisch sowie Kraut oder Rüben. Abends kam wiederum eine Suppe auf den Tisch, vier Mal in der Woche Rind- und Schweinefleisch, dazu jeweils Milch oder Hafergrütze", zitiert Stefan Lang in seiner Publikation. Mittwoch, Freitag und Samstag habe es allerdings trist ausgesehen, denn an diesen Tagen wurde ausschließlich Haferbrei serviert. Höhepunkte seien hingegen die Feiertage gewesen – zu Pfingsten habe es beispielsweise Eier und Ziegenbraten gegeben.

Die Vorschriften im Spital sind ebenso streng wie die Plätze begehrt: „Es gab viele Lebensregeln zu beachten, was das Gebet und das gemeinsame Mahl betraf", erklärt Dagmar Hub. Während die Mitglieder des Hospitalordens nach der Regel des heiligen Augustinus leben und dem Gehorsam, der Ehelosigkeit und dem Spitaldienst verpflichtet sind, müssen Bedürftige ebenfalls an Gottesdiensten teilnehmen und sind zudem an Keuschheit sowie Bescheidenheit gebunden.

Bis ins ausgehende 18. Jahrhundert erweitert sich das Spital um Einrichtungen wie das Haus für „Unsinnige" – also psychisch Kranke –, ein Lazarett und ein Zuchthaus. Erst im 19. Jahrhundert beginnt eine Umstrukturierung, als in Ulm das „Allgemeine Krankenhaus" gegründet wird. „Das Spital wurde weiter als Armenhaus genutzt, bis zum fatalen Bombenangriff der Alliierten im Dezember 1944", erklärt die Journalistin und weist darauf hin, dass sich die Aufgabe der Pflege jedoch bis heute erhalten hat: „Der Dreifaltigkeitshof beherbergt heute ein Pflegeheim für ältere Menschen." Dieses liegt auf der gegenüberliegenden Seite der Neuen Straße, die seit ihrem Baubeginn in den 1950er-Jahren als Ost-West-Verbindung der Stadt dazu führte, dass auch die letzten baulichen Reste des riesigen Komplexes verschwanden. Denn einst erstreckte sich das Heilig-Geist-Spital vom Gänstor im Nordosten bis zum Haus der Begegnung im Südwesten. Geblieben ist also nicht viel – nur die beiden steinernen Kreuze über den Fensterstürzen, die im Sonnenlicht warm leuchten.

> „Der Dreifaltigkeitshof beherbergt heute ein Pflegeheim für ältere Menschen."

So geht's zum Steinkreuz:

Die beiden Steine befinden sich in den Fensterstürzen im Erdgeschoss an dem Haus in der Baurengasse 1 gegenüber dem Spielplatz an der Spitalhofschule.

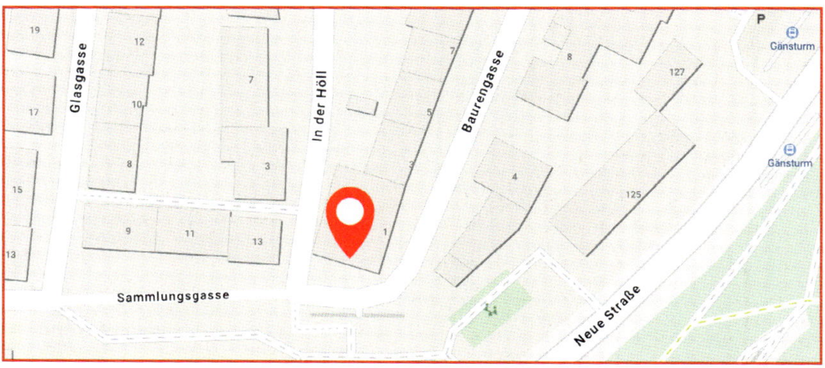

39

Brunnenfigur

Mutter von Königen und Kaisern

Ein Blick in den Hof des Ulmer Polizeireviers lohnt sich garantiert: Der „Neue Bau“, das Städtische Magazin aus dem späten 16. Jahrhundert, besticht nicht nur durch seine Architektur, sondern auch durch seine zeitweilige Nutzung als Ersatz-Rathaus. Den Innenhof schmückt zudem ein Brunnen, der 1591 von dem Steinmetz Claus Bauhofer geschaffen wurde. Auf einer Säule steht dort eine Frauenfigur, die in ein weißes Gewand mit blauem Überwurf gekleidet ist und auf dem Haupt eine goldene Krone trägt. Ihre linke Hand ruht sanft auf ihrer Brust, während sie in ihrer rechten ein Buch hält. Die Statue zeigt eine historische Persönlichkeit, die sowohl für die Ulmer Polizei als auch für das politische Geschehen des Frühmittelalters von Bedeutung ist. Außerdem, weiß Anni Eschenbach, rankt sich um die Frau auf dem Säulenkapitell eine bekannte Liebesgeschichte.

„Die Figur zeigt Hildegard von Schwaben, die dritte Ehefrau Karls des Großen“, erklärt die Gästeführerin. Somit sei Hildegard nicht nur Gemahlin des berühmten Frankenkönigs und späteren Kaisers Karl der Große (747/748-814) gewesen, sondern auch Mutter von Ludwig dem Frommen (778-840), der dessen Nachfolge antrat. Die Geschichte um die Königsgattin und Kaisermutter beginnt in der zweiten Hälfte des 8. Jahrhunderts: „Hildegard war damals etwa 13 Jahre alt, als sich Karl der Große für Verhandlungen mit dem alemannischen Adel in der Gegend aufhielt, der König hätte die Alemannen nämlich gerne als Verbündete hinter sich gewusst“, schildert Anni Eschenbach die Umstände von deren ersten Begegnung. „Bei der Gelegenheit hat Karl wohl Hildegard getroffen – und war vom Fleck weg verliebt.“

„Die Figur zeigt Hildegard von Schwaben, die dritte Ehefrau Karls des Großen.“

Das Problem sei allerdings gewesen, dass Karl zu diesem Zeitpunkt bereits zum zweiten Mal verheiratet war. Nachdem er seine erste Gattin Hilmintrud zurückgeschickt hatte, war er

Um die Brunnenfigur rankt sich eine bekannte Liebesgeschichte.

den Bund der Ehe mit Desiderata, der Tochter des Langobardenkönigs Desiderius (Regierungszeit: 757-774), ein-

Die Figur steht im Neuen Hof, in dem früher das Hildegardfest ausgerichtet wurde.

gegangen. Daher habe es für ihn nur die Lösung gegeben, seine Frau zu verstoßen. „Das fanden seine Berater nicht unbedingt geschickt, weil es moralisch untragbar war. Deswegen sollen sie ihm geraten haben, Hildegard als Mätresse zu nehmen." Doch der König widersetzt sich. „Es scheint tatsächlich eine Liebesverbindung zwischen Hildegard und Karl gewesen zu sein", gibt die Gästeführerin die Einschätzung seines Chronisten Einhard (um 770-840) wieder. Denn Karl besteht darauf, die junge Alemannin zur Frau zu nehmen. So führt er seinen Plan aus, trennt sich von seiner zweiten Frau und heiratet 771 Hildegard, die seine Liebe – natürlich – erwidert haben soll. Liebe hin oder her: Durch die mit Hildegard geschlossene Ehe gelingt es Karl dem Großen, den alemannischen Adel als Verbündeten zu gewinnen. Zudem soll Hildegards Mutter Imma einer Sippe angehört haben, die von Herzog Gottfried (gestorben 709) abstammte, wie der Trierer Chorbischof Thegan in einer 837 verfassten Lebensbeschreibung die Genealogie Kaiser Ludwigs des Frommen ausführt. Nicht nur Ludwig ist letztendlich Beweis dafür, dass die beiden Ehegatten der körperlichen Liebe frönten: „Hildegard hat Karl dem Großen neun Kinder geschenkt, das erste mit 14 Jahren", erklärt die Gästeführerin.

Auch wenn das Leben dem Ehepaar viele Nachkommen schenkt – Hildegard selbst ist nicht mit einem langen Leben gesegnet: Am 30. April 783 stirbt sie im Alter von 26 Jahren in der lothringischen Pfalz kurz nach der Geburt ihrer letzten Tochter. Bestattet im Metzer Arnulfskloster, ziert noch heute ein Spruch ihr Grabdenkmal: *Hier ruht Hildegard, einst Karls glückliche Gattin, die durch ihren Liebreiz, noch mehr aber durch die Vorzüge ihres Herzens die anderen Frauen übertraf*, zitiert die Gästeführerin die Inschrift. Denn bereits im Frühmittelalter genoss Hildegard einen hervorragenden Ruf, sie galt als „hochverdient", „allerseligst" und „tieffromm". Während ihr Todesdatum bekannt ist, ist ihr Geburtsdatum unbekannt, wahrscheinlich wurde sie um das Jahr 757 geboren. Generell ist nicht viel zu Hildegards Biografie überliefert, den Urkunden und Chroniken lassen sich nur wenige Informationen entnehmen. Im Hoch- und Spätmittelalter wurden die biografischen Lücken schließlich durch Beschreibungen ihres Charakters und ihrer Persönlichkeit gefüllt: Sie sei bekannt für ihre Großzügigkeit gegenüber Klöstern und Kirchen sowie für ihre Schönheit und Anmut. Die Gästeführerin merkt zudem an, dass sie auch sehr belesen gewesen sein muss, und verweist auf die Brunnenfigur, die ein Buch unter dem Arm trägt.

Doch nicht nur für das Fränkische Reich war Hildegard von großer Bedeutung. „Seit den 1980er-Jahren ist Hildegard offiziell die Schutzpatronin der Ulmer Polizei", verkündet Anni Eschenbach. Daher sei die farbige Figur auf dem Brunnen auch nicht das Original aus dem 16. Jahrhundert – dieses befinde sich im Besprechungsraum der Polizei. So erfährt die „Mutter von Königen und Kaisern" noch heute Wertschätzung, indem sie im Hof des Neuen Baus stets über das Revier wacht.

So geht's zur Brunnenfigur:

Die Statue der Hildegard von Schwaben befindet sich im Innenhof vom „Neuen Bau" am Münsterplatz 47, dort ist heute das Polizeipräsidium Ulm-Mitte.

I.C.LAUX & Co

40

Emblem

Bettwaren, Tischtücher und mehr

Der Spatz ist ein Vogel, der in Ulm außergewöhnlich häufig anzutreffen ist. Dazu ist nicht unbedingt ein Blick in luftige Höhen notwendig, denn das Tier findet sich vielfach in überdimensionaler Größe im Stadtbild wieder – vor allem dank der „Spatzeninvasion“, einer 2001 organisierten Benefiz-Kunstaktion. So schwebt auch an einer Hauswand im Judenhof ein grasgrünes Exemplar, das mit seinem knalligen Äußeren allerdings den Blick von einem historischen Relikt ablenkt: An der spätklassizistischen Fassade befindet sich ein ansehnliches Emblem, das oberhalb von einem Löwenkopf und unterhalb von einem Gesteck aus Früchten eingerahmt wird. Welcher Name sich hinter den Buchstaben *J.C.LAUX&Co* verbirgt und warum sich der Schriftzug dort befindet, weiß Hans Layer.

„Das Relief wurde gemeinsam mit der neuen Fassade 1877 angebracht. Zuvor war das Gebäude ein aus Stein gebautes Patrizierhaus mit verputzter Front“, erklärt der Ulmer. Um die Aufmerksamkeit der Vorbeigehenden zu gewinnen, brachte der damalige Besitzer eine repräsentative Fassade mit spätklassizistischen Elementen wie Pilastern – den Reliefpfeilern – sowie floralen Verzierungen in den Fensterbögen und anderen schmückenden Elementen an. Das Emblem in der Mitte der aus sechs Fenstern bestehenden Reihe bezieht sich auf den Namen des einstigen Besitzers: „Die Buchstaben stehen für Johann Christoph *Laux & Co*mpagnie“, erläutert der Nachfahre und heutige Besitzer des Hauses den Schriftzug.

„Das Relief wurde gemeinsam mit der neuen Fassade 1877 angebracht. Zuvor war das Gebäude ein aus Stein gebautes Patrizierhaus mit verputzter Front.“

Und J.C. Laux hat Erfolg mit seinem Vorhaben: Das gleichnamige Aussteuergeschäft, das er in dem Haus gründet, wird zu einer Ulmer Marke. Verkauft werden dort klassische Artikel: „Vor allem feine Bettwaren, Tisch-

Ein moderner Vogel trifft am Judenhof auf eine spätklassizistische Fassade mit Namensinschrift.

tücher oder Servietten gab es dort zu kaufen. Im Prinzip alle Webereiprodukte, die aus Leinen oder Baumwolle gefertigt wurden", erklärt Hans Layer. Auch das Adress- und Geschäftsbuch aus dem Jahr 1900 listet das als *Joh. Christ. LAUX u. Co.* bezeichnete Manufakturwaren- und Aussteuergeschäft auf, das zu dieser Zeit zudem Modewaren führt.

Hans Layer kennt mehr als nur ein Geheimnis des Gebäudes im Judenhof 11.

Ein halbes Jahrhundert später endet allerdings die Geschichte des Unternehmens. „Der Ausverkauf fand in den 1950er-Jahren statt. Nach dem Krieg war das eine kleine Sensation, weshalb die Menschen in einer langen Schlange vor dem Haus standen. Die Kundschaft umfasste ein großes Einzugsgebiet, bis weit auf die Schwäbische Alb. Eine ganze Woche lang herrschte hier Gedränge", gibt der heutige Besitzer die Erinnerungen seiner Mutter wieder.

In den 1960er-Jahren erwirbt Hans Layers Vater das östlich angrenzende Fachwerkhaus – und stößt beim Einbau einer großen Heizungsanlage auf ein weiteres Geheimnis. „Bei den Arbeiten wurden alte unzugängliche Kellerräume entdeckt", schildert Hans Layer die Entdeckung. Was sein Vater zu diesem Zeitpunkt nicht ahnt: Die Keller beider Häuser sind miteinander verbunden – und mehr noch: „Im Erdgeschoss stehen stattliche Steinbögen, welche die beiden Häuser bis ins 16. Jahrhundert zu einem Bau verbunden hatten." Dass die Kellerräume alt sein müssen, wird schnell klar. *Wie alt*, erfährt Hans Layer nach einer fachmännischen Einschätzung durch die Architekturhistorikerin Dr. Anne-Christine Brehm: Die Bearbeitung und die Struktur der Kellerräume verweisen wahrscheinlich auf das 13. Jahrhundert!

„Im 13. Jahrhundert lebte in diesem Areal die jüdische Gemeinde", erklärt Hans Layer. Erstmals urkundlich erwähnt wird die Ulmer Judengemeinde im Jahr 1241 im Reichssteuerverzeichnis. Wo sich die ersten Juden in der Stadt niederließen, ist zwar nicht überliefert, aber vermutlich lebten diese von Beginn an im Bereich des heutigen Judenhofs. „Der Judenhof entstand erst mit Abriss der dort stehenden Häuser", erläutert der Ulmer. Aufgrund der starken Urbanisierungsvorgänge im Verlauf des 13. Jahrhunderts sei auch die Zahl der Judensiedlungen sprunghaft angestiegen, schreibt Christian Scholl in der Dissertation *Die Judengemeinde der Reichsstadt Ulm im späten Mittelalter*.

Das benachbarte Fachwerkhaus sei auch aus einem anderen Grund besonders, verrät Hans Layer: „Es war eines der ersten freigelegten Fachwerkhäuser in Ulm überhaupt. Bis ins Jahr 1968 waren alle Fassaden verputzt, denn Fachwerk galt als aus der Mode gekommen. An den Auskragungen kann man bei verputzten Häusern erkennen, dass es sich um Fachwerkbauten handelt."

Die beiden Häuser im Judenhof umfassen somit eine lange – und bewegte – Geschichte, von den jüdischen Kellern aus dem 13. Jahrhundert, der teilweise noch in den Häusern erhaltenen Verbindung des mittelalterlichen Gebäudes, bis zur Überbauung im 16. Jahrhundert. Und über das freigelegte Fachwerk bis zum historistischen Emblem aus dem Jahr 1877, das den damaligen Besitzer des Aussteuergeschäfts Johann Christoph Laux nennt. Die Moderne ist auch vertreten – durch den knallgrünen Ulmer Spatzen, der den Blick ganz auf sich zieht …

So geht's zum Emblem:

Der Schriftzug befindet sich am Judenhof 11 und ist vom Ulmer Münster über die Schuhhausgasse zu erreichen.

Jörg Zenker weiß, was es mit der sonderbaren Darstellung auf der Erinnerungstafel auf sich hat.

41 Haus-Verrücker

Ortswechsel für ein Gebäude

Wer die an dem Haus Nummer 25 in der Heimstraße angebrachte steinerne Tafel genauer ansieht, erkennt einen Mann, der in Begriff ist, ein Haus zu verschieben – und tatsächlich: Unter Anleitung des Werkmeisters Erasmus Rückgauer wurde das Gebäude im Jahr 1903 um 50 Meter verschoben und dabei um ein Viertel seiner eigenen Achse gedreht. Damals, noch mit unverputzter Backsteinfassade, habe das Gebäude zuvor weiter westlich gestanden, merkt Jörg Zenker an, die steinerne Tafel erinnere noch heute an die „Verrückung". Und nicht nur in Ulm, auch andernorts kam Rückgauers Versetzungstechnik zum Einsatz: „Erasmus Rückgauer hat in ganz Baden-Württemberg Häuser angehoben und verschoben", eine Spezialität, die vielfach nachgefragt worden sei, erklärt der Gästeführer und erläutert den Vorgang: „Damit das Haus eine innere Stabilität erhält, wurde das zu versetzende Gebäude zunächst komplett mit Holzbalken ummantelt und festgezurrt. Dann wurde es von einigen Dutzend Männern von allen Seiten gleichzeitig hochgezogen und der Untergrund unterfüttert – denn die Kundschaft wollte meist tatsächlich nur ein höheres Erdgeschoss besitzen." Wirtschaften hätten diese Technik genutzt, um beispielsweise einen Tanzsaal einrichten zu können. Doch Rückgauer habe nicht nur Häuser „höhergelegt", sondern auch verschoben und gedreht: „In diesem Fall wurden unter das angehobene Haus Baumstämme gelegt und es darauf an den neuen Standort verschoben."

Mit dieser Technik erhöht und versetzt Erasmus Rückgauer über 80 Häuser ohne einen nennenswerten Zwischenfall – bis zum 5. April des Jahres 1906: „In Nagold hat er einen Auftrag angenommen, der furchtbar schiefgegangen ist", schildert Jörg Zenker die Tragödie in der Ortschaft, die zwischen Tübingen und Freudenstadt liegt. „Dort wollte der Wirt selbst mit anpacken und hat die Menschen vor Ort, die mithelfen sollten, zu einer Metzelsuppe eingeladen." Angelockt von dem kräftigen Sud, der bei der Herstellung von Brüh- und Kochwürsten entsteht, sowie zur tatkräftigen Unterstützung des Wirtes finden sich viele Freiwillige ein. Von Rückgauers Männern sind nur wenige dabei:

Über 80 Häuser hat Erasmus Rückgauer angehoben, bis sich in Nagold eine furchtbare Tragödie zugetragen hat.

Neben seinem Werkführer und sieben weiteren erfahrenen Arbeitern kommen etwa 40 Leute von einer Zimmerei und einem Baugeschäft. Die restlichen Helfer sind Mitglieder des Turnvereins und Liederkranzes sowie Zuschauer, die das Spektakel mitverfolgen wollen, wie Hermann Scheuerer den Vorfall in *Die „Hirsch" Katastrophe* beschreibt. Insgesamt beteiligen sich etwa 100 Mann an der Aktion.

„Irgendwann hat Rückgauer vollkommen die Kontrolle über die Hebearbeiten verloren", fährt Jörg Zenker fort. „Die Männer haben ungleichmäßig gearbeitet, die einen beispielsweise stärker als die anderen gezogen. Dadurch hat das ummantelte Haus seine Stabilität verloren." Das Gefüge lockert sich. Zunächst fallen Ziegel vom Dach und der Giebel neigt sich gegen ein anderes Haus. Dann fällt der Firstgiebel, die Wände verschieben sich und das Gebäude beginnt zu schwanken. Plötzlich fällt auch die hintere Dachhälfte in den Hof, der südliche Giebel löst sich und die Außenwand der Langseite wird zur Seite gedrückt, wodurch der Rest des Gebäudes in sich zusammenstürzt. Insgesamt 52 Menschen sterben, viele weitere sind verletzt. In einem Gerichtsverfahren wird Rückgauer zu einer Gefängnisstrafe von sechs Monaten verurteilt. „Das war sein letztes Haus, das er angehoben hat. Kurze Zeit später ist er aus Gram über die Tragödie gestorben", merkt der Gästeführer an. An den Zusammenbruch des Hauses und die gestorbenen Menschen erinnere heute noch eine Kapelle in Nagold. Erst drei Jahre zuvor hatte er das Steinhaus in Ulm verschoben und gedreht – ohne einen Zwischenfall.

So geht's zum Haus-Verrücker:

Die Tafel mit dem Mann, der ein Haus verschiebt, hängt zwischen der nördlichen Altstadt und dem Alten Friedhof an dem Haus in der Heimstraße 25.

Ein Auge fürs Detail: Unterhalb des Turmdachs hat sich an der Außenwand ein schöner Fries aus sogenannten Dreipassbögen erhalten.

Turm 42

Mittelalter in der Stadt

„Rapunzel, Rapunzel, lass mir dein Haar herunter!", ruft der Königssohn der Prinzessin zu. Zwar wohnt in dem Turm zwischen Ulmergasse und Wengengasse heute – soweit bekannt – keine adlige Tochter mehr, doch erinnert der mehrgeschossige Bau durchaus an das gleichnamige Märchen der Gebrüder Grimm. Der Treppenturm ist der traurige Rest, der nach dem verheerenden Bombenangriff der Alliierten auf Ulm am 17. Dezember 1944 vom Kloster Wengen geblieben ist, abgesehen von wenigen Überbleibseln des dazugehörigen Gotteshauses. Heute in einen Gebäudekomplex integriert, mag sich der backsteinerne Turm nicht so recht in die Umgebung einfügen.

„Vom ehemaligen Klosterareal, das sich von der Walfischgasse im Norden bis zur Ulmergasse im Osten erstreckte, hat sich nur das Türmchen erhalten", bedauert Dagmar Hub, die sich dank der Recherchen für ihren 2015 erschienenen Stadtführer bestens mit der Stadt auskennt. Bei genauerem Hinsehen fällt die rechteckige Grundstruktur des Hofes auf, in dem sich der Turm befindet – es ist der ehemalige Klosterhof. „Beim Turm befand sich früher der Zehntstadel des Klosters“, fährt die Journalistin fort. Den Standort in der Altstadt hatte das Kloster allerdings erst ab dem Jahr 1399, nachdem das im 12. Jahrhundert auf dem Michelsberg gegründete Stift zunächst auf den Blauinseln stand und aufgrund der Bedrohung durch Kaiser Karl IV. (1316-1378) in den Bereich innerhalb der Stadtmauern verlegt werden musste (siehe Geheimnis Miniaturkirche). Die größte Herausforderung für das Kloster kam jedoch mit der Reformation.

„Beim Turm befand sich früher der Zehntstadel des Klosters.“

Ambrosius Kaut, im Jahr 1521 zum Propst gewählt und dem Humanismus gegenüber aufgeschlossen, beobachtet aufmerksam die seinerzeit fortschreitende Reformationsbewegung in Ulm, wie Hans Eugen Specker in einem Aufsatz über *Das Augustinerchorherrenstift St. Michael zu den Wengen (1183-1549)* die Ereignisse dieser Zeit schildert. Denn dem Rat war es ab dem 15. Jahrhundert gelungen, auch im Wengenstift sogenannte „städtische Pfleger“ für die Verwaltung und finanzielle Administration einzusetzen, nachdem diese bereits zuvor im Heilig-Geist-Spital zum Einsatz gekommen waren. Zwar kann sich das Kloster der Augustiner, anders als das Franziskaner- und Dominikanerkloster, zunächst gegen die Reformation wehren. Die Befürchtungen des Propstes erfüllen sich jedoch im November 1530: Die Bürgerschaft entscheidet sich – mit eindeutigem Ergebnis – für die neue Religionslehre. Und in weiser Voraussicht verlässt Ambrosius Kaut gemeinsam mit dem Chorherrn Wolfgang Besserer die Stadt und sucht Zuflucht im Benediktinerkloster Blaubeuren, während der Rat zunehmend Druck auf ihn ausübt: Er solle wegen seines „böswilligen Verlassens“ das Stift an die Stadt übertragen. Als Reaktion reicht der Propst nun bei dem Reichskammergericht in Speyer Beschwerde gegen die Reichsstadt ein. Erst mit dem Entscheid von Kaiser Karl V. (1500-1558) auf dem Augsburger Reichstag von 1548 ist es dem Geistlichen allerdings gestattet, in das Kloster zurückzukehren. Letztendlich gelingt es dem Propst also, den katholischen Glauben im Augustinerkloster in Ulm fortzuführen – bis ins 19. Jahrhundert.

Ab der Säkularisierung 1803 wurden die Gebäude des Klosters zeitweise als Kaserne genutzt, während die Kirche den katholischen Soldaten als Gotteshaus diente. Das Ende des Klosterbaus kam schließlich mit dem Zweiten Weltkrieg. „Tragisch ist, dass mit der Zerstörung des Klosters und der Kirche der über 20 Meter lange in Fresko-Technik gemalte Totentanz aus dem Jahr 1440 schwer beschädigt wurde", bedauert die Autorin den Verlust des Gemäldestreifens, auf dem 24 Tanzpaare – jeweils der personifizierte Tod mit lebendigen Personen – zu sehen waren. „Der Kreuzgang war schwer beschädigt und wurde gemeinsam mit anderen Gebäudeteilen Anfang der 1950er-Jahre abgerissen." Dadurch sei auch das mittelalterliche Gemälde verloren gegangen.

„Der Kreuzgang war schwer beschädigt und wurde gemeinsam mit anderen Gebäudeteilen Anfang der 1950er-Jahre abgerissen."

Erhalten hat sich also nur der Turm im ehemaligen Kornstadel, der in der Mitte des 15. Jahrhunderts gebaut worden war. Direkt unter dem Dach des Turms haben sich an der Außenwand außerdem spätgotische Dreipassbögen erhalten (siehe Geheimnis Lilienfries).

Dagmar Hub merkt an, sie habe schon einige Türme, wie zum Beispiel den Turm des Gänstors, von innen gesehen, der märchenhafte Turm vom Wengen-Kloster sei ihr jedoch bisher verschlossen geblieben. Ihr fehle buchstäblich der Schlüssel zum Turm. Und es scheint darin bedauerlicherweise auch keine wunderschöne Prinzessin zu wohnen, die ihr Haar herunterlassen könnte …

So geht's zum Turm:

Der alte Treppenturm des Klosters befindet sich hinter der Kirche St. Michael zu den Wengen auf der Rückseite des Hauses Ulmergasse 15. Er ist beispielsweise von der Kreuzung Wengengasse/Walfischgasse aus gut zu sehen.

Ruinenreste

43

Siebenundzwanzig Minuten

Es ist ein ungewöhnlicher Anblick für Ulm. Präsentiert sich die Donaustadt sonst nur von ihrer besten Seite, wirkt dieses Haus beinahe vernachlässigt. Die backsteinerne Wand ist in schlechtem Zustand, manche Ziegel sind bereits heruntergefallen. Dass sich direkt daran einmal ein Haus angeschlossen hat, deuten die dunkelfarbigen Lagen – die ehemaligen Stockwerke – sowie der Rest des Kaminschachts und der Umriss des einstigen Dachs an. Das Erdgeschoss wurde wieder aufgebaut und mit einem Dach versehen, aber die an der Wand des Nebenhauses auch nach fast 80 Jahren noch erhaltenen spärlichen Reste der Ruine bezeugen die schlimmste Nacht Ulms am dritten Advent des Jahres 1944, als die Stadt beinahe vollständig zerstört wurde.

„Am 17. Dezember 1944 lag dichter Nebel über der Stadt, weshalb kaum jemand einen Luftangriff erwartete", schildert Historiker Thomas Schuler die Ereignisse. Zwar habe um 17:30 Uhr der Volksempfänger einen feindlichen Kampfverband im Anflug auf Süddeutschland gemeldet, doch da es seit Kriegsbeginn mehr als einhundert Mal Luftalarm gegeben hat, rechnen die Menschen nicht mit einem Angriff. „Um 18:59 Uhr gingen allerdings die Sirenen los und sieben Minuten später gab es Fliegeralarm", fährt er fort.

Während die Menschen im nächstgelegenen Keller oder Bunker Schutz suchen, nähern sich die Flieger der britischen Luftwaffe. Wenige Minuten später erreichen 317 schwere Flugzeuge in Begleitung von 13 Jagdflugzeugen die Stadt und werfen die ersten „Christbäume" ab: Leuchtbomben mit pyrotechnischem Inhalt, die zur Beleuchtung von Zielen oder zur Erzeugung eines Markierungspunkts eingesetzt werden. „In den 27 dunkelsten Minuten seiner Geschichte fielen auf Ulm 96.646 Bomben – 93.750 Stabbrandbomben, 1.220 phosphorhaltige Flüssigkeitsbomben und 1.545 zum Teil 20 Zentner schwere Sprengbomben", beziffert der Historiker in dem Zeitungsartikel *Als die Hölle über Ulm hereinbrach* die abgeworfenen Sprengsätze. Besonders verheerend sind die im Zweiten Weltkrieg verwendeten Phosphorbomben: Sobald das chemische

An der Rückseite des Nachbarhauses sind noch die Umrisse des im Zweiten Weltkrieg zerstörten Gebäudes zu erkennen.

Element mit Sauerstoff in Kontakt kommt, entzündet es sich und erzeugt extreme Hitze. „An den Strebsäulen des Münsters, das wie durch ein Wunder bis auf ein paar wenige zerstörte Fenster stehen geblieben war, lief brennender Phosphor herab, durch den selbst, wie Augenzeugen berichteten, das Wasser der Donau in bizarr-grünen Flammen brannte", beschreibt Thomas Schuler in dem Artikel das unvorstellbare Ausmaß der Zerstörung.

„Meine Großmutter war zu dieser Zeit Dienstmädchen in Söflingen und mit der Straßenbahn unterwegs, als der Luftalarm kam", erinnert sich Thomas Schuler an deren Schilderungen. „Die Straßenbahn hat dann am Ehinger Tor angehalten und meine Großmutter suchte mit den anderen Fahrgästen der Straßenbahn innerhalb des Torbaus Schutz – der bis heute steht. So hat sie die Bombardierung überlebt." Ein Schicksal, das in dieser Nacht nicht jedem zuteilwird: Mehr als 700 Kinder, Frauen und Männer werden getötet, mehr als 81 Prozent der Stadt ausgebombt, die brennende Stadt ist in der Nacht wie eine Fackel in einem Umkreis von bis zu 40 Kilometern zu sehen.

„Was heute von dem schönen alten Ulm zu sehen ist, sind die verbleibenden 19 Prozent, die von der Zerstörung verschont geblieben sind." Der Rest der Gebäude wird Opfer der Vernichtung – wie auch die Ruine in der Ehinger Straße, die wie eine klaffende Wunde bis heute an die schlimmste Nacht Ulms erinnert.

So geht's zu den Ruinenresten:

Das Haus, an dessen Backsteinwand sich die Reste einer Ruine erhalten haben, befindet sich in der Zinglerstraße 26 und ist am besten von der Ehinger Straße aus zu sehen.

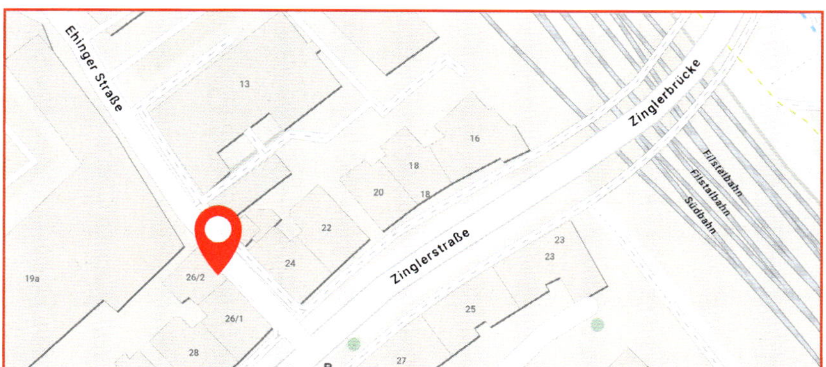

Dr. Jonathan Scheschkewitz steht vor den Resten des nordöstlichen Turms der Ulmer Vorwehr.

Vorwehr

44

Dürer'sche Befestigung

An der belebten Kreuzung inmitten der Stadt ist die Umgebung laut und hektisch: Autos rauschen vorbei, Menschen eilen über die Straßen, eine Sirene heult auf. Das Relikt, das sich direkt an der Neutorstraße befindet, bleibt unbeachtet, obwohl es durch seine Größe eigentlich nicht übersehen werden kann. Wie wichtig dieser bauliche Rest für die Verteidigung der Stadt war – und was der renaissancezeitliche Maler Albrecht Dürer (1471-1528) damit zu tun hat –, weiß Dr. Jonathan Scheschkewitz.

„Die Geschichte der Verteidigungsanlagen der Stadt beginnt am Weinhof", erklärt der Mittelalterarchäologe. Zunächst sei nur die Königspfalz mit einem Graben – und vermutlich einem vorgelagerten Wall oder einer Palisade – versehen gewesen. Bald habe jedoch auch die benachbarte Stadt Schutz durch ein System aus Gräben erhalten, das sich im Laufe der Zeit wie die Häute einer Zwiebel schichtweise vergrößerte. Mit der Staufermauer aus dem 13. Jahrhundert (siehe Geheimnis Buckelquader) haben sich die ersten baulichen Reste einer solchen Verteidigungsanlage bis heute erhalten. Im Zuge der großen Erweiterung erhielt die auf mehr als 60 Hektar vergrößerte Stadt ab 1316 schließlich eine weitere Mauer, die sich auf einer Länge von mehr als drei Kilometern um die Stadt erstreckte. In diesem Zusammenhang entstanden Mitte des 14. Jahrhunderts auch die fünf Haupttore: So das Glöcklertor im Westen, das Gänstor im Osten, im Süden das Herdbruckertor sowie im Norden das Frauentor und – das Neue Tor. „Und Ende des 15. Jahrhunderts wurden die Tortürme noch einmal stark erhöht, damit die Verteidiger ihre Schusswaffen möglichst effektiv einsetzen konnten", erklärt der Mittelalterarchäologe die Verteidigungsstrategie. Zudem habe neben der eigentlichen Stadtmauer auch eine vorgelagerte Zwingermauer und ein etwa 26 (!) Meter breiter Wassergraben die Stadt geschützt, fährt er fort.

„Ende des 15. Jahrhunderts wurden die Tortürme noch einmal stark erhöht, damit die Verteidiger ihre Schusswaffen möglich effektiv einsetzen konnten."

Bald ergibt sich jedoch eine neue Herausforderung für die Befestigungsstrategie: „Im 16. Jahrhundert entstand die Problematik, dass die Angriffswaffen durch die Entwicklung der Feuerwaffen so massiv an Gewalt zugenommen hatten, dass sie eine spätmittelalterliche Befestigung durchdringen konnten." Eine Anpassung der Verteidigungsanlagen sei nötig gewesen, nicht nur in Ulm. Und eine Lösung für das Problem findet – Albrecht Dürer. In seiner Befestigungslehre entwickelt er ein neues System, demnach eine Fortifikation nicht nur über dicke Erdwälle mit Mauerbekleidung, sondern auch über vorspringende Basteien verfügen sollte. „Das von Albrecht Dürer entwickelte System sah vorspringende Bastionen vor, von denen aus die Verteidiger die Mauern seitlich bestreichen konnten, also mit ihren Waffen einen größtmöglichen Bereich erreichen konnten." Dadurch erhalten die Verteidiger – neben der frontal ausgerichteten Befestigungsmauer und den Türmen – zusätzliche, in einem stumpfen Winkel liegende Abwehrstandorte.

Der Umbau nach dem Dürer'schen System beginnt in Ulm ab 1527: „Die innere Stadtmauer wurde auf die Höhe der äußeren abgetragen und stadtseitig eine neue Stützmauer aus Backsteinen errichtet. Der Zwischenraum wurde mit Erde aufgefüllt und die Zwingermauer außen um eine massive Backsteinmauer verstärkt, die mit einer außen abgerundeten Brustwehr versehen wurde", schreibt Jonathan Scheschkewitz in einem Aufsatz über die Verteidigungsanlagen in Ulm. Die zwischen den Mauern aufgeschichteten Wälle hätten es zudem ermöglicht, Geschütze in Position zu bringen. Auch die Haupttore werden nun zur Hälfte abgetragen und mit achteckigen Turmabschlüssen versehen. „In diesem Zusammenhang entstand auch die Vorwehr, um die Tore zu sichern", stellt der Archäologe den Bezug zu dem historischen Relikt in der Olgastraße her. „Durch die Vorwehr konnte die Mauer von dort aus ebenfalls bestrichen werden." Von dieser Vorwehr habe sich der Umriss des backsteinernen Turms mit Treppenabgang erhalten. „Unter der Erde sind noch Teile der restlichen Befestigung erhalten", merkt Scheschkewitz an.

Im Verlauf des 16. Jahrhunderts erfahren die Basteien einen Umbau nach italienischer Bauart, bei dem vor allem die abgerundeten Ecken zu Bastionsspitzen umgeformt werden, um auf diese Weise tote Winkel zu vermeiden. Dadurch seien die charakteristischen fünfeckigen Bastionen entstanden, erläutert er.

Die Vorwehr am Neutor wird im 17. Jahrhundert abgerissen, der Stumpf des Nordostflankenturms kam 1966 bei Baumaßnahmen zutage und wurde 1982 in der heute sichtbaren Form restauriert. Doch dieser wird selten als stummer Zeuge vergangener Tage erkannt, als ginge die Geschichte der Stadt samt ihren Spuren inmitten des modernen Trubels verloren.

So geht's zur Vorwehr:

Der Stumpf des Turms der Vorwehr am Neutor befindet sich direkt vor dem Gebäude der Deutschen Bundesbank in der Olgastraße 77.

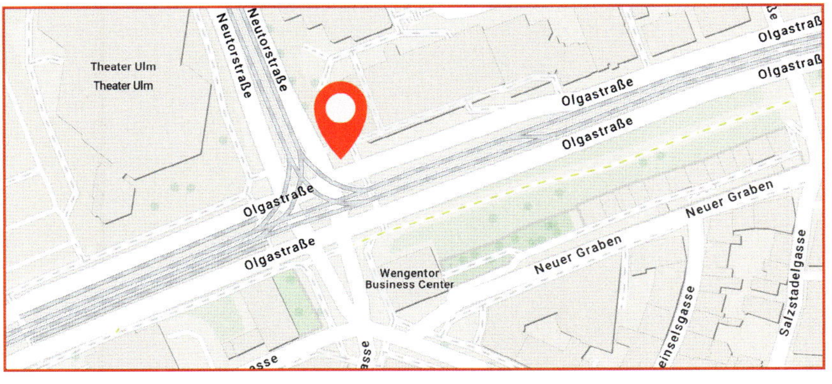

45

Miniaturkirche

Vom Michelsberg in die Altstadt

Mit vollen Einkaufstüten vom Sedelhof kommend, auf dem Weg in eine Wirtschaft oder beim abendlichen Spaziergang durch die Stadt fällt vieles ins Auge – bunte Werbeplakate, farbenfrohe Bildschirme oder kuriose Schaufenstereinrichtungen. Das Relief über dem Eingang zur Kirche St. Michael wird dabei schnell übersehen. Schade! Schließlich hängt es dort seit mehr als 600 Jahren als Bestandteil einer ereignisreichen Geschichte der Kirche.

„Es ist das Gründungsrelief des Wengen-Stifts aus dem Jahr 1399", erklärt Dr. Gudrun Litz. Genauer gesagt: des dritten Kirchengebäudes dieses Stifts. Auf dem steinernen Relikt ist ein kleines, von zwei knieenden Personen gehaltenes Kirchenmodell zu sehen, darunter befinden sich zwei Wappenschilde, auf denen Helme ruhen. Die rechte Person wird von einer weiteren stehenden Person mit Flügeln gestützt.

Um verstehen zu können, welche Geschichte(n) sich dahinter verbergen, braucht es einen Blick in die Anfänge der Klostergeschichte von Ulm: Als Friedrich Barbarossa (um 1122-1190), der berühmte staufische Kaiser des Heiligen Römischen Reichs, im Jahr 1183 zu einem Hoftag in der Königspfalz auf dem Weinhof verweilt, nutzt der Adlige Witegow von Albeck die Gelegenheit: Er lässt sich die Gründung seines Stifts mit Pilgerspital auf dem Michelsberg beurkunden. Am Schnittpunkt wichtiger Handelsstraßen gelegen, sollten dort – in der ersten klösterlichen Gemeinschaft in Ulm – Augustiner-Chorherren Pilger und Arme versorgen.

„Nachdem das Stift 1183 auf dem Michelsberg gegründet wurde, musste es jedoch bald auf die Blauinseln umziehen", berichtet die Historikerin. Das Problem sei der Wassermangel gewesen. 1215 beginnen die Bauarbeiten und dauern bis ins Jahr 1250, in dem die dreischiffige Basilika fertiggestellt wird. Auf Wiesen gelegen, erhält das Stift nun den Beinamen „goteshus ze sant Michel in den Wengun", wobei *Wengen* Aue oder Wiese bedeutet. Der Umzug des Stifts auf die Blauinseln löst zwar einerseits das Problem der Wasserversorgung, aber andererseits kann durch den neuen Standort abseits der

Der damalige Bürgermeister Hartmann Ehinger hält mit seiner Frau das Modell des Stifts. Er habe „Den ersten fundamentstain an dis gotzhus der herren von den wengen" gelegt, so besagt es das Relief in lateinischer Schrift. Hinter ihm steht der Erzengel Michael.

Straßen der Auftrag eines Pilgerstifts vermutlich nicht mehr erfüllt werden und Bedürftige werden nun stattdessen im Heilig-Geist-Spital versorgt (siehe Geheimnis Steinkreuz).

Dem weiteren Bestand des Augustinerchorherrenstifts sollten allerdings

Dr. Gudrun Litz steht im ursprünglichen Chorraum der Wengenkirche, der heute eine Seitenkapelle der neugebauten Kirche ist.

reichspolitische Konflikte im Weg stehen: „Ein erneuter Umzug wurde nötig, nachdem Karl IV. im Jahr 1376 die Stadt belagert hatte." Denn trotz des einige Jahre zuvor durch Kaiser Karl IV. (1316-1378) erlassenen Verbots hatten 14 Reichsstädte – unter der Führung Ulms! – den „Schwäbischen Städtebund" gegründet. Als die Ulmer noch dazu die vom Kaiser verhängte Reichsacht ignorieren, zieht dieser vor die Tore der Stadt. Zwar hält die Bevölkerung der Belagerung stand, doch der Vorfall führt zu weitreichenden Konsequenzen. „Die Stadt verlegte nun alle außerhalb der Stadtmauer liegenden Institutionen in den Bereich innerhalb der schützenden Mauern. Dabei wurde auch das Wengen-Stift im Jahr 1377 abgerissen", berichtet Gudrun Litz. „Für 20 Jahre bestand der Stiftskomplex nicht mehr, bis nach vielen Protesten der Neubau errichtet wurde", und genau diese Baumaßnahmen bezeuge das Relikt über dem Eingang der Kirche.

„Auf dem Relief sieht man den damaligen Bürgermeister Hartmann Ehinger mit seiner Frau, wie sie das Modell des Stifts halten. Darunter sind die jeweiligen Wappen der Familie angegeben. Hinter dem Bürgermeister steht der Erzengel Michael, der Patron des Augustinerchorherrenstifts", erläutert die Archivarin. „Die Inschrift besagt, dass man hier auf Geheiß des Rates 1399 am 6. November, dem St. Leonhardstag, den Grundstein für die neue Wengen-Kirche gelegt hat." Wie gut ist es doch, dass es Menschen gibt, die dem unwissenden Betrachter erklären können, was er sieht!

Für etwa 400 Jahre besteht das Stift, übersteht auch die Zeit der Reformation (siehe Geheimnis Turm), bis schließlich das 19. Jahrhundert anbricht: „Während der Säkularisation fiel das Chorherrenstift in die Hände der Landesherren." In diesem Fall also der bayerischen, die bis 1810 die neuen Landesherren waren. „Im Jahr 1805 machten sie die Wengen-Kirche zur ersten katholischen Pfarrkirche der ehemaligen Reichsstadt."

Zur Größeneinordnung: In dieser Zeit waren von den etwa 43.000 Einwohnern etwa 13.000 Katholiken – sowie 3.000 Soldaten derselben Konfession. „Das Gotteshaus diente dann in württembergischer Zeit bis zum Bau der Kirche St. Georg als Garnisonskirche für die katholischen Soldaten", merkt die Archivarin an. Doch durch den schweren Bombenangriff am 17. November 1944 sei die Kirche schwer beschädigt und bis auf den Chor zerstört worden. Nach ihrem Wiederaufbau und Anbau nach Norden im Jahr 1952 besteht sie bis heute als eine der insgesamt zwei katholischen Pfarrkirchen in der (Innen-)Stadt.

Wer sich schnell ein Bild davon machen will, wie die Kirche vor ihrer Zerstörung einmal ausgesehen hat, kann sich das Relief über dem Eingang ansehen – allerdings sollte dieses nur als grobe Darstellung verstanden werden, denn es handelt sich bei dem proportionslosen Kirchlein keineswegs um ein maßstabsgetreues Modell!

So geht's zur Miniaturkirche:

Das Relief befindet sich in der Wengengasse 8 über dem Eingang zur Kirche „St. Michael zu den Wengen", zwischen Hauptbahnhof und Münsterplatz gelegen.

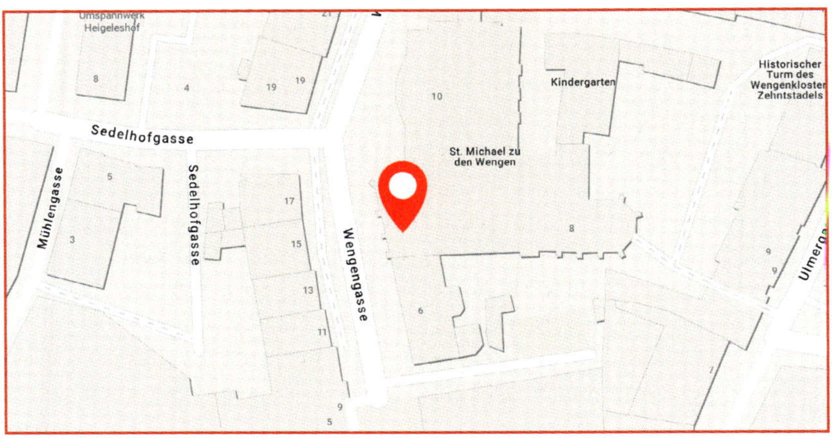

Kirchenfassade

46

(Nicht) sehr hoch hinaus

Beim Betreten der Wiblinger Klosteranlage fällt der Blick sofort auf die Kirche St. Martin, deren Fassade mit ihren über Eck gestellten Türmen wie eine Festung wirkt. Das Eingangsportal mit seinen filigranen Säulen, die schmalen, hohen Fenster sowie andere architektonische Spielereien verraten allerdings, dass es sich bei dem Bau nicht um eine Wehranlage handelt. Wieso aber gleicht die aus Natursteinen aufgebaute Westseite des Gotteshauses mit ihren beiden stumpfartigen Turmaufbauten mehr einer Burg als einer Kirchenfront?

„Das Kloster Wiblingen wurde 1093 von einer Grafenfamilie aus der Nähe gestiftet", erklärt Ulrike Häufele die Entstehung des Klosters. „Bei einem solchen Vorhaben läuft es ähnlich ab wie beim Bau eines Stadtviertels. Es wird zunächst inspiziert, ob der Platz überhaupt geeignet ist: Wo gibt es Brauchwasser und Trinkwasser, wo fließt der nächste Fluss, wie sieht der Untergrund aus – und so weiter." Die Voraussetzungen scheinen günstig zu sein: Der Bau des Klosters beginnt, Benediktinermönche aus St. Blasien im Schwarzwald bewohnen und bewirtschaften es fortan. Das Wiblinger Benediktinerkloster unterhielt im 14. Jahrhundert sehr gute Verbindungen zu Ulm, vor allem zum Kloster der Dominikaner. „Zu dieser Zeit gab es im Kloster Wiblingen nachweislich auch ein Skriptorium, in dem die Mönche Bücher abgeschrieben und mit Buchmalereien versehen haben. Es war auch ein Dienstleistungszentrum, das Aufträge zur Illustration von Handschriften annahm."

Im Laufe der Zeit wächst der Komplex zu einer einfachen Baugruppe heran. Bei Bedarf wird angebaut, wo Platz ist. Mit Beginn des 18. Jahrhunderts entspricht die Anlage jedoch nicht den ästhetischen Ansprüchen der Barockzeit und es folgen massive Baumaßnahmen: „Das Kloster wurde ab 1714 in barockem Stil neu aufgebaut und die mittelalterliche Anlage dabei sukzessiv abgerissen", schildert Ulrike Häufele die Baugeschichte des Klosters. Auch von der romanischen Kirche, die bereits im Jahr 1271 beinahe einem verheerenden Klosterbrand zum Opfer gefallen wäre, hat sich nichts bis heute erhalten. Die Baupläne sehen vor, dass

Das ehemalige Kloster Wiblingen gilt heute als eine der monumentalsten Anlagen Baden-Württembergs.

die zuvor lose aneinandergefügten Bauten durch Neubauten, angelegt in einem symmetrischen Schema, ersetzt werden sollen: Die Kirche steht dabei im Zentrum des gesamten Komplexes und wird von vier Gebäudeflügeln

Das Bauvorhaben der beiden Kirchentürme sah vor, dass sie das Ulmer Münster überragen sollten.

umschlossen, während der vorgelagerte Hof von kleineren Wirtschaftsbauten begrenzt wird – darunter das eigene Brauhaus, Gärten, Stallungen für Vieh, Speicher und Werkstätten sowie Wohnungen für die Bediensteten. Der Hauptzugang soll über das Torhaus erfolgen, hinter dem sich im Westen der Lustgarten anschließt.

Im Jahr 1783 erfolgt mit Weihe der Kirche ein vorläufiger Abschluss des Bauvorhabens, darunter befindet sich ein echtes Juwel, schwärmt die Ulmerin: „Das Kloster verfügt bis heute über eine der weltweit schönsten Bibliotheken." Die Fülle an Kunstwerken, wie Statuen und Gemälde, aber auch architektonische Spielereien aus der Zeit des Rokokos verwandeln die 1744 ausgestattete Bibliothek in einen gelebten Traum. Neben der Bibliothek ist auch der Rest der vorgesehenen Klosteranlage baulich umgesetzt – mit Ausnahme des südlichen Gebäudeflügels des Gevierts sowie der Kirchenfassade. „Die beiden Türme sollten – so war es geplant – höher als der Turm des Ulmer Münsters werden", berichtet die Gästeführerin. Geplant gewesen sei daher eine Höhe von 80 Metern, da der Ulmer Münsterturm bis ins Jahr 1890 nur 70 Meter in die Höhe reichte. Erst danach wurde dieser auf seine heutigen Ausmaße von 161,53 Meter aufgestockt. Doch es kam für die beiden Türme der Klosterkirche Wiblingen anders: Zwar habe es während der 1790er-Jahre Bemühungen gegeben, die Fassade zu vollenden, doch ohne Erfolg. Wenige Jahrzehnte später wird das Bauvorhaben eingestellt.

1802 dringen kurbayerische Truppen in die Freie Reichsstadt Ulm vor und das Kloster Wiblingen wird an das Kurfürstentum Bayern, den neuen

Landesherrn, übergeben und als Kaserne genutzt. Mit dem Reichsdeputationshauptschluss von 1803 wird auf Reichsebene festgelegt, dass die Fürsten durch die Säkularisation – die Verstaatlichung der Kirchengüter – für den Verlust von linksrheinischen Gebieten abgefunden werden sollen, denn diese Gebiete wurden 1801 im Frieden von Luneville Frankreich zugesprochen. 1806 treten 16 deutsche Fürsten dem Rheinbund mit Frankreich bei. Dadurch lösen sie sich vom Reich, werden unter dem Schutz Frankreichs souverän und unterstellen ihre Truppen dem französischen Befehl. Das Deutsche Reich löst sich auf. Das Kloster Wiblingen geht im selben Jahr in den Besitz des in diesem Zusammenhang gegründeten Königreichs Württemberg über und wird im Zuge der Säkularisation vollständig aufgelöst. Nach 700-jähriger Tradition müssen die Mönche das Kloster verlassen.

Das heutige Bild entspricht also dem Bauzustand Ende des 18. Jahrhunderts – mit einer Ausnahme: Als das Kloster während des Ersten Weltkriegs erneut als Kaserne genutzt wird, wird der südliche Flügel nach Vorlage alter Baupläne vervollständigt. Bis heute unvollendet bleibt allerdings die Kirchenfassade mit ihren beiden festungsartigen Türmen.

So geht's zur Kirchenfassade:

Die ehemalige Klosteranlage kann durch den westlichen Tordurchgang entlang der Schloßstraße betreten werden. Von dort fällt der Blick sofort auf die Fassade der Kirche St. Martin mit ihren beiden Türmen.

Predigen auf höchstem Niveau: Die Treppe im Schalldeckel führt hinauf zu einer kleinen Kanzel, weiß Professor Dr. Berndt Hamm.

47 Schalldeckel

Fast bis zum Himmel

Wer fühlt sich angesichts der schieren Größe des Münsters nicht unbedeutend? Die hoch aufragenden Bögen und Säulen, die aufwendigen Buntglasfenster und die zahlreichen Statuen, Gemälde und Altäre schaffen eine Atmosphäre der Ehrfurcht. Zudem bricht das Gotteshaus mehr als nur einen Rekord: Mit seinen exakt 161,53 Metern besitzt der sakrale Bau nicht nur den höchsten Kirchturm der Welt, sondern es findet sich in der Kirche außerdem ein weiterer ungewöhnlich hoher Aufbau: der Schalldeckel der Kanzel, der wie ein hölzerner Baldachin zum Himmel emporragt.

„Der Schalldeckel der Ulmer Kanzel ist im Vergleich zu den anderen

Exemplaren im süddeutschen Raum, aber auch verglichen mit europäischen Ländern, etwas ganz Besonderes", würdigt der emeritierte Professor Dr. Berndt Hamm die Bedeutung des hölzernen Aufbaus. „Es ist der höchste Kanzelaufbau, den wir überhaupt kennen. Der Schalldeckel misst normalerweise nur ein oder zwei, maximal drei Meter. Ich kenne nur zwei Beispiele, die über drei Meter hinausgehen. Diese Kanzel aber hat über 14 Meter! Das ist sensationell und einzigartig", beschreibt der Kenner der Kirchengeschichte das hölzerne Kunstwerk. „Der Aufbau ist unglaublich filigran geschaffen, es ist ein regelrechter Wald verschiedener Elemente. Zudem war das aus verschiedenen Hölzern gefertigte Kunstwerk bemalt – im Hintergrund sind Reste roter Farbe zu sehen. Auch Figuren waren einst auf den kleinen Podesten angebracht, die allerdings später verschwunden sind. Wann und warum, weiß man heute nicht mehr", fährt der Theologe fort.

„Einzigartig im Aufbau ist, dass innerhalb des Kanzelbaldachins eine Treppe nach oben führt. Dort ist wiederum eine kleine Kanzel angebracht, auf der *Jörg Syrlin 1510* eingraviert ist." Denn der kunstvolle Aufbau sei der Werkstatt des Ulmer Schreinermeisters Jörg Syrlin des Jüngeren (um 1455-1521) entsprungen. „Da uns Rechnungen vorliegen, die in den Jahren 1510 und 1511 einen Geldfluss von der Stadt an dessen Werkstatt belegen, also genau in dem Zeitraum, in dem der Aufbau gebaut wurde, liegt es nahe, dass die Beträge für diese Arbeit gedacht waren", erläutert Berndt Hamm. Die Summe sei nicht unbedeutend gewesen: insgesamt 120 Gulden, aufgeteilt in sechs Raten – eine enorme Menge Geld. Schließlich, so merkt der Ulmer an, sei es gut investiert, denn der Aufbau reflektiere die Verehrung und Wertschätzung des Gotteswortes, das von der Kanzel verkündet wird. „Bereits seit den 1450er-Jahren entstanden im deutschen Raum viele Kanzeln durch die Aufwertung der Wortverkündigung", ergänzt er. Und die Ulmer Variante reicht weit in die Höhe!

> „Einzigartig im Aufbau ist, dass innerhalb des Kanzelbaldachins eine Treppe nach oben führt."

Das Gotteswort wird in jener Zeit – von der Kanzel – durch Ulrich Krafft (um 1455-1516) verkündet: „Krafft war von 1501 bis 1516 Pfarrer in Ulm. Seine Predigten aus den Jahren 1503 und 1514 sind erhalten", erklärt der Theologe. „Darin steht: ‚Es genügt nicht, wenn der Prediger mit seinen Worten das Trommelfell der Gläubigen erreicht, es muss auch der Heilige Geist gleichzeitig predigen.' Krafft spricht vom Wort Gottes, das gepredigt wird.“ Normalerweise würden Kanzeldekore die Taube des Heiligen Geistes zeigen, doch diese fehle im Ulmer Münster. Dafür vertrete die kleine obere Kanzel diese Rolle, von wo der Heilige Geist predige.

„Krafft war zudem der Meinung“, erläutert der Theologe, „wenn der Prediger auf der Kanzel steht und das Wort Gottes verkündet – egal, ob er gelehrt ist oder ungelehrt, Doktor oder nicht –, dann steht gleichsam Christus in eigener Person und leibhaftig auf der Kanzel.“ Die Würde des Predigers sei danach unabhängig von seiner persönlichen Qualität. Damit betone Krafft die Wertschätzung des Gotteswortes – und dem entsprechend unterstreicht die Höhe des Schalldeckels diese Verehrung.

Wer durch die Kirche wandelt und die filigranen Schnitzarbeiten der Werkstatt Jörg Syrlins betrachtet, zeigt sich mit Sicherheit beeindruckt – egal, reich oder arm, gläubig oder nicht, egal, ob gelehrt oder ungelehrt, Doktor oder nicht.

So geht's zum Schalldeckel:

Der hölzerne Aufbau befindet sich über der Kanzel an einer nördlichen Säule im Mittelschiff des Ulmer Münsters.

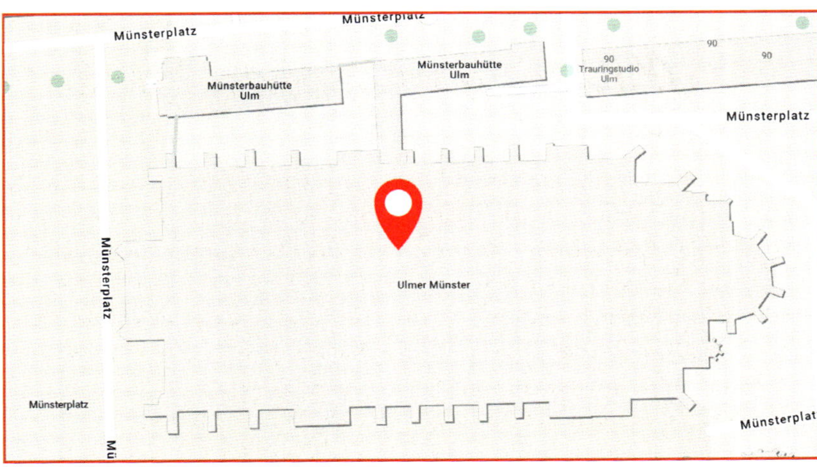

Anni Eschenbach steht vor der Kanzel des Rathauses, von der früher die Gerichtsurteile verkündet wurden.

Wasserspeier 48

Mit aufgerissenem Maul

Verhöhnt er die Vorbeigehenden? Oder plagt ihn einfach nur schwere Übelkeit? Die Rede ist von dem kleinen steinernen Männchen, das als Wasserspeier an der Rathauskanzel hängt. Bekannt ist es in der Donaustadt als „der Kotzer“, was in Anbetracht seines aufgerissenen Mundes mit herausgestreckter Zunge eine sehr treffende Bezeichnung ist. Seine geweiteten Augen und die Hände, die an den Hals fassen, unterstreichen seine speiende Haltung. Oder droht das Männlein zu ersticken? So oder so – so manches, was auf dem Platz vor dem Rathaus passierte, sei ja irgendwie zum Speien gewesen, merkt Anni Eschenbach mit einem Augenzwinkern an: „Von der Kanzel wurden früher die

Gerichtsurteile verkündet", erklärt die Gästeführerin. Auch sei dort seit 1473 der Huldigungseid für den Kaiser abgenommen worden – ein Vorgang, der nicht unbedingt für jeden Menschen ein willkommenes Ereignis war.

Am Gefängnis im Diebesturm nahe dem Grünen Hof begann der Weg der Delinquenten, die von dort zum Marktplatz geführt wurden. Dort verkündete der Bürgermeister von der Kanzel des Rathauses das Urteil. Im schlimmsten Fall brach er den Stab über den Verurteilten: das Todesurteil. „Ich habe recherchiert, ob in Ulm tatsächlich der Stab gebrochen wurde, aber kein Dokument dafür gefunden, welches diese Praxis bestätigt", merkt die Geschichtsinteressierte an. Nicht in allen Städten sei das Urteil dadurch besiegelt worden, doch es sei anzunehmen, dass es in Ulm in gleicher Weise gehandhabt wurde. In welcher Form auch immer – von der Kanzel wurden die Urteile verkündet, die jedoch nicht immer die Todesstrafe bedeuten mussten: „Je nach Strafmaß konnte den Verurteilten beispielsweise das Ohrläppchen geschlitzt oder Finger abgetrennt werden." Kam es allerdings zur Verkündigung der Todesstrafe, musste der Verurteile oder die Verurteilte den Weg zur Richtstätte antreten. Beim Tod durch das Schwert führte dieser in den Bereich der heutigen Wagnerschule, während am Galgenberg die Delinquenten gehenkt wurden.

„Je nach Strafmaß konnte den Verurteilten beispielsweise das Ohrläppchen geschlitzt oder Finger abgetrennt werden."

„Die Rechtsgeschichte ist sehr interessant, aber auch sehr grausam", fährt die Gästeführerin fort. „Es herrschten einfach andere Gesetze, andere Rechte und andere Anschauungen. Deswegen ist der Kontext dabei immer so wichtig." So war beispielsweise die Anwesenheit von Zuschauern bei den Bestrafungen durchaus erwünscht, denn die grausamen Maßnahmen sollten als Abschreckung und Mahnung dienen. Einblicke in die Gerichtsbarkeit gibt das im Ulmer Stadtarchiv verwahrte *Urgichtbuch* der Jahre 1594 bis 1636. Neben Geständnissen enthält es auch Darstellungen, die zum Tode verurteilte Delinquenten betreffen.

Auf den „Kotzer" selbst ist die Gästeführerin allerdings nur durch einen Zufall gestoßen. „Hingebungsvoll habe ich einer Schulklasse die Bilder am Rathaus erklärt", schildert sie die Entdeckung, als ein Schüler die Worte *was isch des?* herausposaunt und auf die Figur gezeigt habe. Selbst von Neugier gepackt, recherchiert die Gästeführerin und findet heraus, dass die Kanzel seit 500 Jahren am Rathaus nachgewiesen ist. „Das Rathaus selbst ist seit dem 14. Jahrhundert als Kaufhaus belegt und seit 1419 als Rathaus und Gerichtshaus bekannt. 1607 wurde die Kanzel erneuert. Seit wann die Figur dort hängt, ist aber schwer zu sagen.“ Zwar wurde die Kanzel 1828 abgebrochen, konnte jedoch im Jahr 1900 durch Abdrücke im Putz und alte Zeichnungen rekonstruiert werden – samt Männchen.

„1607 wurde die Kanzel erneuert. Seit wann die Figur dort hängt, ist aber schwer zu sagen.“

Über diesen Wasserspeier weiß Anni Eschenbach noch eine andere Sache zu berichten: „Das Wort *kotzen* ist im Schwäbischen ein sehr derbes Wort, aber tatsächlich bereits seit dem Spätmittelalter belegt.“ Laut dem *Deutschen Wörterbuch von Jacob Grimm und Wilhelm Grimm* ist das Wort erstmals 1482 belegt, es sei aber mit großer Sicherheit weit älter. „Übergeben“ würden sich die Menschen erst später, so die Gästeführerin. Somit sei es eigentlich fachlich richtig, zu sagen, der Mann kotze. Und zum Kotzen war sicherlich einiges, was sich hier im Mittelalter und der Neuzeit abspielte – in jedem Fall für die Angeklagten. Wer die Situation ebenfalls nicht gutheißen kann, ist das kleine steinerne Männchen an der Kanzel, das vor allem bei starkem Regen seine Meinung überzeugend zum Ausdruck bringt.

So geht's zum Wasserspeier:

Die kleine Steinfigur hängt an der Huldigungs- und Richt-Kanzel des Rathauses, die sich an der Ostseite des Gebäudes befindet.

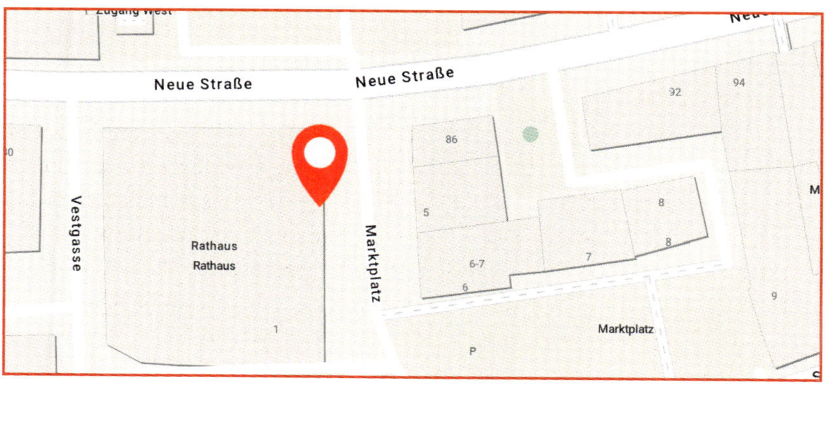

Metallkegel

Eine Frage der Perspektive

49

Würden Urlaubsgäste in Ulm nach dem *Minster* – dem englischen Wort für Münster – fragen, erhielten sie als Antwort vermutlich eine Wegbeschreibung in die Innenstadt. Oder zum Optiker. Denn wer das Gotteshaus mit dem größten Kirchturm der Welt übersieht, leidet vermutlich unter einer nicht geringen Sehschwäche. Mit großer Wahrscheinlichkeit würden die Fragenden jedoch nicht zum Congress Center Ulm CCU geschickt werden, dort nämlich steht ein anderes „Münster". Zwar handelt es sich dabei nicht um ein Gotteshaus, aber bemerkenswert sind die zwei turmartigen Konstrukte, die den englischen Titel *Minster* tragen, dennoch.

„Eigentlich sind es nicht zwei Türme, sondern insgesamt vier Metallkegel unterschiedlicher Höhe", erklärt Dr. Herbert Birkenfeld. Eine der beiden Aufbauten besteht aus einer Plattform, auf der drei kleinere turmartige Spitzen angebracht sind. Der andere – und größere – Kegel steht mit einer Höhe von über sieben Metern für sich. „Die Installationen stammen aus den 1990er-Jahren und wurden gemeinsam mit dem Bau des Kongresszentrums errichtet", fährt der Kunstkenner fort. Der Schöpfer des Kunstwerks, Tony Cragg, sei eine bekannte Größe: „Er ist einer der ganz Großen. Nach den meisten Kunstmarkt-Rankings zählt Cragg unter den Gegenwartskünstlern weltweit zu den *Top 10*." Der 1949 in Liverpool unter dem Namen Anthony Douglas Cragg geborene Künstler lebt seit 1977 in Deutschland und war bis 2013 Rektor der Kunstakademie Düsseldorf. Neben seiner Teilnahme an der *documenta 7* und *documenta 8* beteiligte er sich an mehreren *Biennalen*. Gemeinsam mit denen anderer Kunstschaffender sind viele seiner Werke in einem Skulpturenpark in Wuppertal, seiner Wahlheimatstadt, dauerhaft ausgestellt. Mit dem Bau des CCU und des Maritim Hotels fand das Kunstwerk *Minster*

„Nach den meisten Kunstmarkt-Rankings zählt Cragg unter den Gegenwartskünstlern weltweit zu den ‚Top 10'."

Dr. Herbert Birkenfeld zeigt die Rückeroberung der Natur ganz im Sinne von Tony Cragg: Moos wächst in den Fugen und der Rost blättert ab.

1998 schließlich seinen Platz an der Westseite des Kongresszentrums.

„Bei genauerem Hinsehen ist zu erkennen, dass das Werk aus ausgemusterten Teilen besteht", erklärt der ehemalige Gymnasialrektor. Der Künstler nenne diese selbst „Fundsachen", also Fragmente von Industriemaschinen wie Zahnräder, Stahlringe oder auch Gummiringe, die sortiert übereinandergelegt zu spitzenförmigen Skulpturen aufgebaut wurden. „Wer von der Gänstorbrücke oder der Neuen Straße kommt, hat bestimmt schon mal einen Blick auf die Metallkegel werfen können", sagt Herbert Birkenfeld. Von der anderen Seite jedoch, direkt vor dem Kongresszentrum stehend und mit Blick in Richtung Innenstadt, würden es vermutlich die wenigsten kennen. Dabei sei dieser Blickwinkel besonders spannend, merkt der promovierte Geograf an, da sich von dort aus eine ganz neue Perspektive auf das Kunstwerk eröffne. „Von diesem Standort ergibt sich eine Sichtachse von Osten nach Westen mit direktem Blick auf das Ulmer Münster – und damit findet sich der unmittelbare Bezug zur Donaustadt: Moderne Kunst im Dialog mit der Stadtgeschichte. Einfach großartig!", erklärt der Pensionär seine persönliche Interpretation des Kunstwerks. Mit dem imposanten Gotteshaus im Hintergrund komme der englische Titel *Minster* erst richtig zur Geltung. Doch es gebe noch mehr Verlinkungen mit der Stadt: „Durch das Material stellt das Kunstwerk einen Bezug zur Wirtschaftsgeschichte her", fährt Herbert Birkenfeld fort und ergänzt: „Ulm hat als Industriestandort eine große Tradition, darunter einen bedeutenden metallverarbeitenden Sektor mit Firmen wie Magirus, Kässbohrer, der Pflugfabrik Eberhardt oder den Wieland-Werken." Eben solche Unternehmen hätten die Objekte produziert, die der Künstler in ausgemusterter Form für das Kunstwerk verwendete – Teile wie Zahnräder und Stahlringe. Dem Kunstkenner kommt zudem ein dritter Aspekt in den Sinn: „Türme stehen auch immer für Macht und Wahn oder, positiv formuliert, für Visionen." Imposante Gebäude wie die Skyline von Frankfurt am Main würden – je nach Persönlichkeit – unterschiedliche Eindrücke hinterlassen. „Interpretation ist und bleibt jedoch immer ein Diskurs", schränkt er ein. Wer weiß also, welche Emotionen der Künstler beim Betrachtenden hervorrufen wollte?

„Moderne Kunst im Dialog mit der Stadtgeschichte. Einfach großartig!"

Wer neben dem *Minster* ein anderes Original des Künstlers Tony Cragg sehen möchte, müsse nicht weit reisen, merkt Herbert Birkenfeld an: „Gleichsam als eine Art Kontrapunkt zur Skulptur *Minster* steht die Bronzeplastik *Chain of Events*, die sich in Neu-Ulm im Skulpturenpark *Venet-Haus* befindet." Das sieben Meter hohe Kunstwerk sei mit seiner dynamischen und in sich verwobenen Gestaltung, die zudem sehr glatt und feingliedrig ist, ein Beweis für die schöpferische Vielfalt des Künstlers – und ganz anders als das *Minster*.

Was aber sagt der Künstler selbst über sein Kunstwerk? „Die rohe Gestaltung am *Minster* war bewusst gewählt, das Material sollte – ganz im Sinne der Rückeroberung der Natur – altern und oxidieren", ergänzt der Ulmer. „Nach Tony Cragg symbolisieren die verschiedenen Oxidationszustände am Material die *Rückeroberung durch die Natur* und damit ein Stück *Land Art*." Somit sei das Kunstwerk den zersetzenden Kräften der Umwelt ausgesetzt und werde sich mit der Zeit entsprechend verändern. Das erinnere an das Münster, dessen Gestein ebenfalls dauerhaften Belastungen durch Umwelteinflüsse ausgesetzt sei. Während alltägliche Wartungsarbeiten und dauerhafte Restaurierungsarbeiten das Gotteshaus schützen, ist das Kunstwerk allerdings bewusst dem Verfall ausgesetzt.

So geht's zu den Metallkegeln:

Die Installation „Minster" von Tony Cragg befindet sich zwischen Altstadt und Friedrichsau auf der Westseite des Congress Centrum Ulm.

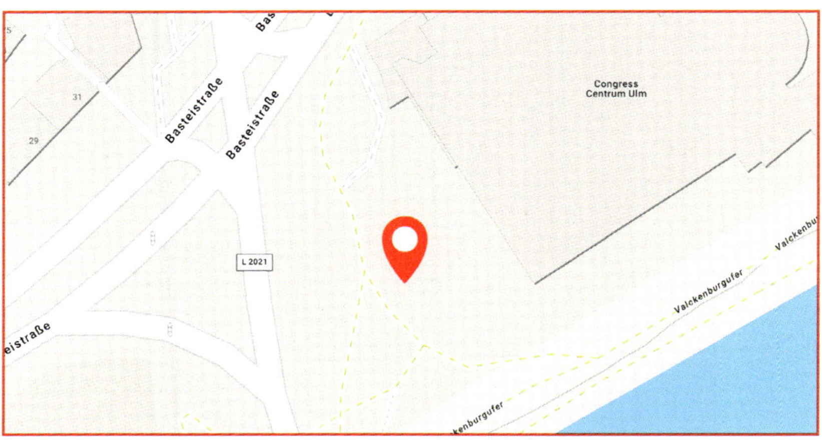

ALBRECHT
WALLENSTEIN
HERZ·z·FRIEDLAND·KAIS·GENERALMVS
IM·30JHR·KRIEG·✶1583·†1634 z·EGER
wohnte in diesem v·SCHAD'schen Haus
A° M·D·C·XXX am 29/30 MAJi·

ALBRECHT
WALLENSTEIN
HERZ·z·FRIEDLAND·KAIS·GENERALMVS
IM·30JHR·KRIEG·✶1583·†1634 z·EGER
wohnte in diesem v·SCHAD'schen Haus
A° M·D·C·XXX am 29/30 MAJi·
1910

Gedenktafel

50

Ruhe bitte!

Jörg Zenker hält sich die Ohren zu – kein Wunder, in der Stadt kann es bisweilen sehr laut werden: Stimmengewirr und knallende Türen sind dabei die kleinsten Übel. Viel schlimmer sind für das Hörorgan vorbeirauschende Autos oder Lärm durch Bauarbeiten, wie das quälende Schlagen eines Presslufthammers. Vor allem nachts droht das Nervenkostüm schnell zu zerreißen, wenn statt erholsamer Nachtruhe zermürbender Lärm angesagt ist.

„Wallenstein hat vom 29. auf den 30. Mai 1630 im ehemaligen Haus Schad am Weinhofberg übernachtet."

Vor nächtlichem Lärm fürchtet sich auch der aus altem böhmischem Adel stammende kaiserliche General Albrecht von Wallenstein (1583-1634), der für sein militärisches Wirken während des Dreißigjährigen Krieges bekannt ist und auch in der Reichsstadt Ulm einen Zwischenstopp eingelegt hat. „Wallenstein hat vom 29. auf den 30. Mai 1630 im ehemaligen Haus Schad am Weinhofberg übernachtet", erklärt der Gästeführer. Daran erinnere die in Stein gearbeitete Gedenkplatte, die im Jahr 1910 durch den *Verein für Kunst und Altertum in Ulm und Oberschwaben* angebracht wurde. Nachdem das Patrizierhaus im Zweiten Weltkrieg zerstört worden war, fand die Platte ihren Weg an die Fassade des backsteinernen Neubaus. Zwischen Wappenschilden und schmückenden Elementen sind – neben Titel und Geburtsdatum des Generals – Ort und Datum der Übernachtung auf der Tafel angegeben. „Er hieß eigentlich *von Waldstein*", merkt Jörg Zenker zum Namen des kaiserlichen Generals an. Erst ab der Wende zum 19. Jahrhundert sei der Name *Wallenstein* geläufig geworden, nachdem Friedrich Schillers dreiteilige *Wallenstein*-Tragödie 1798/99 uraufgeführt wurde.

Seinen Weg in die Donaustadt fand der kaiserliche General bei seiner Rückkehr aus Karlsbad. Nachdem er dort seine Gicht hatte kurieren lassen, trat er den Weg über das Fichtelgebirge nach Bayern und Schwaben an. Ulm erreichte er am 28. Mai 1630, begleitet

Jörg Zenker versucht vor der Gedenktafel für Wallenstein den Lärm der Stadt auszublenden.

von einem Hofstaat, der laut Hellmut Diwald in der von ihm verfassten Biografie *Wallenstein* aus 46 Wagen, weit über tausend Pferden sowie einer 600 Mann starken Leibwache bestanden habe. Jörg Zenker, ausgebildeter Schauspieler, gibt zu bedenken, „dass Wallenstein es gewohnt war, ein Heer von 40.000 Mann unter sich zu haben – die seinerzeit größte Armee!" Dennoch – oder vielleicht gerade deswegen – sehnt sich der General trotz „kleiner" Begleitung nach etwas Ruhe.

Damit der Schlaf des Offiziers nicht gestört wird, lässt er gewisse Forderungen verlautbaren: „Die Kirchenglocken durften nicht läuten, die Nachtwächter sollten keine Zeit ansagen und auch alle anderen Menschen wurden angehalten, nicht zu schreien oder anderweitig Lärm zu verursachen", gibt Jörg Zenker die Anordnungen wieder. Ob der General in dieser Nacht tatsächlich gut geschlafen hat, bleibt unbekannt. Bekannt ist hingegen, dass er am nächsten Tag zu Verhandlungen mit dem Herzog von Lothringen nach Memmingen reiste. Die Verbindung zur Donaustadt teilt der General außerdem mit einer zeitgenössischen Persönlichkeit: dem Astronomen, Naturphilospohen, Physiker und Mathematiker Johannes Kepler (1571-1630).

„Die Kirchenglocken durften nicht läuten, die Nachtwächter sollten keine Zeit ansagen und auch alle anderen Menschen wurden angehalten, nicht zu schreien oder anderweitig Lärm zu verursachen."

Zwar begegneten sich die beiden nicht in der Reichsstadt – Kepler war drei Jahre zuvor in Ulm –, aber der Astronom war dem General durchaus bekannt. „Wallenstein hat sich von Kepler ein Horoskop anfertigen lassen", erklärt der Gästeführer. Weder der Name noch andere Lebensumstände sind Kepler bekannt, als er auf briefliche Anfrage im Jahr 1608 für Wallenstein dessen Lebenshoroskop anfertigen soll. Nur dessen Geburtsstunde liegt dem Astronomen vor. „Keplers Voraussagen haben größtenteils gestimmt", bemerkt der Ulmer. Zwar rät Kepler, dem Wortlaut des Horoskops nicht blind zu vertrauen, doch Wallenstein nimmt seine Weissagungen als verbindliche Aussage, führt das Schreiben stets bei sich und hält es in Ehren, wie Hellmut Diwald schildert. Vielleicht bewahrheiteten sich deswegen die Vorhersagen des Sternkundigen, beispielsweise dass er ein Haupt- oder Rädelsführer werden würde. „Eine Sache hat allerdings nicht ganz gestimmt“, schränkt Jörg Zenker ein: „Zwar heiratete er eine reiche und mächtige Frau, die nicht schön sein soll, doch erst sieben Jahre später als von Kepler vorhergesagt.“ Wallenstein habe sich später ein weiteres Horoskop machen lassen, ergänzt der Gästeführer, worin dessen tragischer Tod angekündigt worden sei. Am 25. Februar 1634 bewahrheitete sich diese Prophezeiung: In Eger, direkt hinter der heutigen tschechischen Grenze, wird Wallenstein von einem Offizier des kaiserlichen Heeres, Walter Deveroux, grausam ermordet.

„Zwar heiratete er eine reiche und mächtige Frau, die nicht schön sein soll, doch erst sieben Jahre später als von Kepler vorhergesagt.“

Erst vier Jahre vor seiner Ermordung war der General in Ulm gewesen, woran die gestiftete Gedenktafel nahe des Weinhofs erinnert. Sein Aufenthalt in der Reichsstadt zeigt zudem, dass Wallenstein auch nur ein Mensch war – und sich wie jeder andere nach einer erholsamen Nacht gesehnt hat …

So geht's zur Gedenktafel:

Die steinerne Tafel hängt an einem Gebäude aus Backstein neben der Synagoge am Weinhofberg 6-10.

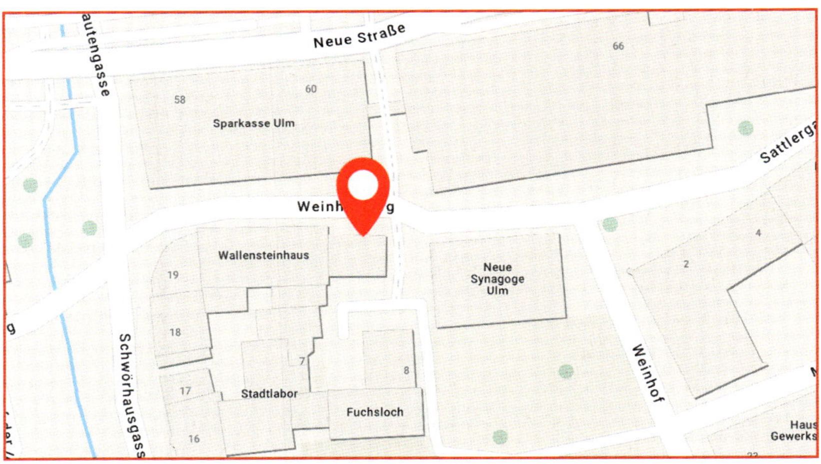

Quellen, Literatur, Bildnachweis

Baer-Bogenschütz, Dorothee: „Starke Steine. Was Ulrich Rückriem in Spanien macht". In: Kunstzeitung April/Mai 2023, S. 14.

Bischoff, Manon: „Wie lang ist die Grenze zwischen Spanien und Portugal?" In: Spektrum der Wissenschaft vom 15.04.2022. URL: https://www.spektrum.de/kolumne/kuestenlinien-paradoxon-eine-unbestimmbare-laenge/2002951. Abgerufen am 16.04.2023.

Brändel, Stefan: Alte Ulmer Nutzpflanzen. URL: https://www.uni-ulm.de/einrichtungen/garten/garten/freiland/alte-ulmer-nutzpflanzen/. Abgerufen am 15.04.2023.

Brunotte, Ernst et al. (Hrsg.): „Gradnetz der Erde". In: Lexikon der Geographie (Band 2). Heidelberg/Berlin 2022, S. 68f.

Der Große Brockhaus: „Maximilian". Band 7, Wiesbaden 1955, S. 614f.

Diwald, Hellmut: Wallenstein. Esslingen 1984, S. 19, 52-55, 438f., 536-539.

Donauschwäbisches Zentralmuseum Ulm: „Gebäude: Reduit der Oberen Donaubastion". URL: https://www.dzm-museum.de/das-gebaeude/. Abgerufen am 17.05.2023.

Eckstein, Claudia: „Das Ziegeleiwesen Ulms in Spätmittelalter und Früher Neuzeit. Herstellung und Verwendung Ulmer Ziegeleiprodukte zwischen dem 14. und 17. Jahrhundert". In: Ulm und Oberschwaben. Zeitschrift für Geschichte, Kunst und Kultur. Band 61. Ostfildern 2019, S. 59-106.

Ellwardt, Kathrin: „Die barocke Klosteranlage". In: Helfert, Verena: Wiblingen. Kloster und Museum. Sonderheft Schlösser Baden-Württemberg, Hrsg.: Staatliche Schlösser und Gärten Baden-Württemberg. Stuttgart 2006, S. 8f.

Eschenbach, Anni: „Das Ulmer Maul(auf)reißerle". In: Naturstein 04/21. S. 2-5.

Eschenbach, Anni: „Karriere auf Schwäbisch ..." In: Naturstein 10/19. Ulm 2019, S. 2f.

Francke, Johann: Nachricht, Von Dem sehr berühmten, und unweit Ulm gelegenen Gesund-Bad, Zu Ober-Thalfingen, Nächst dem Schloß und Burgstall, Der Hoch-Adelich-Besserischen Familie In Ulm gehörig: vor unfürdencklichen Jahren entsprungen. Ulm 1709, S. 7.

Friedrich, Karl: Die Steinbearbeitung in ihrer Entwicklung vom 11. bis zum 18. Jahrhundert. Augsburg 1932, S. 13-22.

Geyer, Matthias: Geologisch-naturkundliche Streifzüge im Raum Ulm. Ulm 2001.

Grimm, Jacob und Wilhelm: Deutsches Wörterbuch. Digitalisierte Fassung im Wörterbuchnetz des Trier Center for Digital Humanities, Version 01/23, Bd. 11, Sp. 1906: „Kotzen". URL: https://www.woerterbuchnetz.de/DWB?lemid=K11736. Abgerufen am 20.05.2023.

Grotz, Matthias: „Hexenverfolgung und Aberglaube". Stadtarchiv Ulm. URL: https://stadtarchiv.ulm.de/stadtarchiv/haus-der-stadtgeschichte-stadtarchiv-ulm/ulmer-geschichte-im-netz/kirchen/reichsstadtzeit-bis-1802/hexenverfolgung-aberglaube. Abgerufen am 20.05.2023.

Hauke, Marie-Kristin: Frauen wollen mehr! Die vergessene Erste Frauenbewegung in Ulm (1895-1919). Ulm 2022, S. 8, 11, 13-16, 18f., 21f.

Haus der Stadtgeschichte – Stadtarchiv Ulm: Gastwirtschaften. URL: https://stadtarchiv.ulm.de/sonderseiten/galerieseite?sc_galleryId=0ef4ba77-c893-4047-a1f2-a2033fbeaf5e. Abgerufen am 15.04.2023.

Haus der Stadtgeschichte – Stadtarchiv Ulm: Sonstige Kirchen, Klöster und Kapellen. URL: https://stadtarchiv.ulm.de/sonderseiten/galerieseite?sc_galleryId=7a666e33-13e8-4ef5-9982-02c093461a96. Abgerufen am 17.05.2023.

Häußler, Theodor: Weinanbau in Altbayern. Der Baierwein einst und heute. Norderstedt 2008, S. 15, 29f., 37f., 200-203, 346-354.

Helfert, Verena: Wiblingen. Kloster und Museum. Sonderheft Schlösser Baden-Württemberg, Hrsg.: Staatliche Schlösser und Gärten Baden-Württemberg. Stuttgart 2006, S. 4, 8.

HfG-Archiv/Museum Ulm (Hrsg.): Der Ulmer Hocker. Idee – Ikone – Idol. Stuttgart 2023.
Hamm, Berndt: Spielräume eines Pfarrers vor der Reformation. Ulrich Krafft in Ulm, Ulm 2020, bes. S. 216-220.

Hoffmann, Gustav: Kirchenheilige in Württemberg. Stuttgart 1932, S. 214.

Hub, Dagmar; Hub, Karl-Rupprecht: Ulm. Der Stadtführer. Reutlingen 2015, S. 254.

Hub, Dagmar: „Das ist Ulms einziges Relikt aus der Bombennacht am 17. Dezember 1944". In: Augsburger Allgemeine vom 17.12.2022. URL: https://www.augsburger-allgemeine.de/neu-ulm/ulm-das-ist-ulms-einziges-relikt-aus-der-nacht-der-bomben-am-17-dezember-1944-id64891631.html. Abgerufen am 16.04.2023.
Jankov, Peter: Natur im Museum. Dokumentation (Dauerausstellung). Ulm 2021.

Jordan, Wolfgang: „Firma Georg Ott, Ulm („Ulmia")". URL: https://www.holzwerken.de/museum/hersteller/ulmia. Abgerufen am 11.04.2023.

Katholische Citykirche St. Michael zu den Wengen (Hrsg.): Die Zerstörung der Wengenkirche vor 75 Jahren am 17. Dezember 1944. Ulm 2019, S. 6, 9, 23.

Kleiber, Christoph: Geschichte des Roggenburger Hofs in Ulm. Sonderdruck aus dem Jahrbuch des Landkreises Neu-Ulm, 6. Jahrgang 2000, S. 36, 43.

Knapp, Ulrich: „Historische Dacheindeckungen". In: Landesamt für Denkmalpflege (Hrsg.): Zwischen mittelalterlichem Stuck und moderner Geophysik. Projekte der Bauforschung in Baden-Württemberg. Broschüre zur Ausstellung, S. 16f. URL: https://www.denkmalpflege-bw.de/fileadmin/media/denkmalpflege-bw/publikationen_und_service/02_service/02_ausstellungsverleih/vom_stuck_zur_geophysik/broschuere_ausstellung_bauforsch_komp.pdf. Abgerufen am 23.05.2023.

Kotzurek, Annegret: „Garnsieder – ein heute vergessener Beruf". In: Bräuning, Andrea; Kotzurek, Annegret; Sanwald, Günter; Uhl, Stefan: Wo das Garn gesotten wurde … Die letzte historische Garnsiede Südwestdeutschlands Ulm. Stuttgart 2003, S. 24-31.

Kübler, Rudi: „Der ‚Gesondbronnen' in Bad Obertalfingen". In: Geyer, Michael (Hrsg.): Obertalfingen. Das Ulmer Patriziat und das Geschlecht der Besserer. Münster/Ulm 2010, S. 50-54.

Landesamt für Denkmalpflege, Regierungspräsidium Stuttgart: Schloss

Obertalfingen. URL: https://www.bauforschung-bw.de/objekt/id/341213349497/schloss-obertalfingen-in-89075-ulm-obertalfingen-boefingen/. Abgerufen am 03.04.2023.

Landesarchiv Baden-Württemberg: „Planck, Mathilde Johanna Friederike“. URL: https://www.leo-bw.de/fr/detail/-/Detail/details/PERSON/kgl_biographien/116204788/Planck+Mathilde+Johanna+Friederike. Abgerufen am 05.06.2023.

Landesarchiv Baden-Württemberg: Bürgerhaus (Frauenstraße 19, Ulm). URL: https://www.leo-bw.de/fr/detail-gis/-/Detail/details/DOKUMENT/lad_denkmale/1215433/B%C3%BCrgerhaus+Frauenstra%C3%9Fe+19+Ulm. Abgerufen am 17.05.2023.

Lang, Stefan: Die Patrizier der Reichsstadt Ulm. Stadtherren, Gutsbesitzer und Mäzene. Ulm 2011, S. 11, 15f., 25, 30-33, 90.

Lang, Stefan: Vom Ulmer Heilig-Geist-Spital zur Hospital-Stiftung. 770 Jahre Hospitalstiftung Ulm 1240-2010. Ulm 2010, S. 10-16.

Leistenschneider, Eva: Die ganze Welt in Ulm: Die Kunst- und Wunderkammer des Kaufmanns Christoph Weickmann. Katalog zur Ausstellung „Erwarten Sie Wunder!“ vom 20.05. bis 15.10.2017 im Museum Ulm. Ulm 2017, S. 8-25.

Litz, Gudrun: 550 Jahre Valentinskapelle. Im Schatten des Münsters. Begleitheft zur Ausstellung am südlichen Münsterplatz Ulm.

Litz, Gudrun: Stationen der Ulmer Stadtgeschichte von 854 bis heute: Begleitbroschüre zur Dauerausstellung im Haus der Stadtgeschichte – Stadtarchiv Ulm. Ulm 2008, S. 14, 15.

Löffler, Emil von: Geschichte der Festung Ulm. Ulm 1881, S. 145f.

Merian, Matthäus; Zeiller, Martin: Topographia Sueviae. Frankfurt am Main 1643, S. 180f. Online verfügbar auf Wikisource. URL: https://de.wikisource.org/wiki/Topographia_Sueviae:_Talfingen. Abgerufen am 03.04.2023.

Metzger, Christof: „Schäufelin, Hans“. In: Bayerische Akademie der Wissenschaften. Historische Kommission (Hrsg.): Neue Deutsche Biographie, Band 22. Berlin 2004, S. 528-530 (Online-Version). URL: https://www.deutsche-biographie.de/pnd11874836X.html#ndbcontent. Abgerufen am 11.05.2023.

Mössinger, Ingrid; Ritter, Beate (Hrsg.): Anthony Cragg. Skulpturen. Chemnitz 2001.

Müller, Gerhard: Ganz nah dran. Wenn Kunstwerke zu sprechen beginnen. Entdeckungen im Ulmer Münster. Ulm 2018, S. 15.

Neubronner, Eberhard: 79 Ulm. Kurioses kreuz und quer. Ulm 1987, S. 42f., 62f., 94f., 150f.

Nübling, Eugen: Ulm‘s Weinhandel im Mittelalter. Ulm‘s Handel Und Gewerbe Im Mittelalter, Band 4. Ulm 1893. Online-Ausgabe, URL: https://nbn-resolving.org/urn:nbn:de:kobv:11-714981. Abgerufen am 15.04.2023. S. 1-3, 16.

Ott, Georg: Denkschrift der Firma Georg Ott, Ulm a. Donau, Werkzeug- und Maschinenfabrik, anlässlich Ihres 50jährigen Bestehens und des 50jährigen Jubiläums ihres Gründers und Senior-Chefs Georg Ott, Kommerzienrat. Stuttgart 1927, S. 7-12.

Petershagen, Wolf-Henning: „Der Koloss, der im Weg stand“. In: Südwest Presse vom 03.09.2014, S. 32.

Petershagen, Wolf-Henning: „Die Ulmer Donauschifffahrt im 19. Jahrhundert“. In: Haus der Stadtgeschichte – Stadtarchiv Ulm (Hrsg.): Forschungen zur Geschichte der Stadt Ulm, Band 17. Ulm 2021, S. 5, 100.

Petershagen, Wolf-Henning: Ulm & Neu-Ulm. Kleine Stadtgeschichte. Regensburg 2019, S. 52, 58, 65, 89f., 93, 115, 119, 133f.

Petershagen, Wolf-Henning: „Ulms Straßennamen. Geschichte und Erklärung“. In: Haus der Stadtgeschichte – Stadtarchiv Ulm (Hrsg.): Forschungen zur Geschichte der Stadt Ulm, Band 15. Ulm 2017, S. 14f., 21f., 27, 31-33, 39-42, 169f., 201, 207.

Petershagen, Wolf-Henning: „Was eine Gedenktafel in der Platzgasse verrät“. In: Südwest Presse vom 28.11.2022. URL: https://www.swp.de/lokales/ulm/ulmer-stadtgeschichte-was-eine-gedenktafel-in-der-platzgasse-verraet-67852975.html. Abgerufen am 14.06.2023.

Petershagen, Wolf-Henning; Vogel, Thomas: Ulmer Unikate. Symbole, Feste, Köpfe, Orte. Ulm 2010, S. 112, 128-133.

Pflüger, Hellmut: Ulm. Das alte Stadtbild. Weißenhorn 1973, S. 31.

pro arte ulmer kunststiftung (Hrsg.): Skulpturenführer Ulm / Neu-Ulm. Skulptur und Großplastik. Ulm 2011, S. 18f.

Reichert, Folker (Hrsg.): Felix Fabri. Traktat über die Stadt Ulm. Norderstedt 2014, S. 50, 52f., 59f., 117, 209, Fußnote 124 auf S. 216.

Reifenscheid, Richard: Die Habsburger in Lebensbildern. Von Rudolf I. bis Karl I. Kreuzlingen 2000, S. 94.

Riechers, Daniel: 100 Jahre Strassenbahn Ulm/Neu-Ulm. Ulm 1997, S. 19f., 22, 24f., 31, 34, 39, 68, 97.

Saint Josse Europe: Das Leben Jodoks. URL: https://www.saint-josse-europe.eu/de/das-leben-jodoks/drei-quellen. Abgerufen am 20.05.2023.

Schäfer, Joachim: „Jodokus“. In: Ökumenisches Heiligenlexikon. URL: https://www.heiligenlexikon.de/BiographienJ/Jodokus_Jobst.htm. Abgerufen am 20.05.2023.

Scheschkewitz, Jonathan: „Ulms Befestigungssystem im Wandel der Jahrhunderte.
Archäologische Aufschlüsse der letzten Jahre“. Mitteilungen der Deutschen Gesellschaft für Archäologie des Mittelalters und der Neuzeit, Vol. 32, Paderborn 2019, S. 143-152.

Scheurer, Hermann: Die „Hirsch“ Katastrophe. Horb am Neckar 1992, S. 15-17, 23, 47.

Scholl, Christian: Die Judengemeinde der Reichsstadt Ulm im späten Mittelalter. Innerjüdische Verhältnisse und christlich-jüdische Beziehungen in süddeutschen Zusammenhängen. Forschungen zur Geschichte der Juden, Abt. A: Abhandlungen, Bd. 23. Hannover 2012, S. 68f., 87, 100-102, 109-111, 117-120, 150f.

Schreiner, Klaus: „Hildegardis regina“. Wirklichkeit und Legende einer karolingischen Herrscherin. Archiv für Kulturgeschichte, Band 57 (1), 1975, S. 1-70.

Schuler, Thomas: „Als die Hölle über Ulm hereinbrach“. In: Neu-Ulmer Zeitung vom 17.12.2014.

Schuler, Thomas: Auf Napoleons Spuren: Eine Reise durch Europa. München 2021.

Specker, Hans Eugen: Ulm.

Stadtgeschichte. Ulm 1977, S. 190.

Specker, Hans Eugen: „Das Augustinerchorherrenstift St. Michael zu den Wengen (1183-1549)". In: Specker, Hans Eugen; Tüchle, Hermann (Hrsg.): Kirchen und Klöster in Ulm. Ein Beitrag zum katholischen Leben in Ulm und Neu-Ulm von den Anfängen bis zur Gegenwart. Ulm 1979, S. 49-79.

Stadt Ulm: „Historie der Wilhelmsburg". ULR: https://www.die-wilhelmsburg.de/historie/historischer-rueckblick/. Abgerufen am 17.05.2023.

Stadtarchiv Ulm: stab 341. Sonderheft zum Zweiten Weltkrieg. In: Ulmer Statistik 1956, S. 45, 48.

Stadt Ulm/Stadtbibliothek (Hrsg.): Die Ulmer Geographia des Ptolemäus von 1482. Weißenhorn 1982.

Stahl, Annika: Straubinger Geheimnisse. Überlingen 2022, S. 65-67.

SWR: Die eigene Wasserversorgung der Ulmer Goldochsen Brauerei. URL: https://www.swr.de/swraktuell/baden-wuerttemberg/ulm/wasser-zu-bier-in-brauerei-100.html. Abgerufen am 18.05.2023.

Uhl, Stefan: „Bauhistorische Untersuchung". In: Bräuning, Andrea; Kotzurek, Annegret; Sanwald, Günter; Uhl, Stefan: Wo das Garn gesotten wurde … Die letzte historische Garnsiede Südwestdeutschlands Ulm. Stuttgart 2003, S. 45-57.

Uhl, Stefan; Bleyer, Hans-Jürgen: Hinter Mauern. Bauforschung im Alb-Donau-Kreis und in Ulm. Alb und Donau, Kunst und Kultur, Band 48. Stuttgart 2005, S. 164-176.

ULMIA GmbH: „Unternehmen". URL: https://www.ulmia.de/ulmia/#Unternehmen. Abgerufen am 11.04.2023.

Van Uytven, Raymond: „Der Geschmack am Wein im Mittelalter". In: Matheus, Michael: Weinproduktion und Weinkonsum im Mittelalter. Geschichtliche Landeskunde, Band 51. Stuttgart 2004, S. 119-132.

VD 18, Verzeichnis der im deutschen Sprachraum erschienenen Drucke des 18. Jahrhunderts: Exoticophylacium Weickmannianum 1716, S. 3. URL: https://digital.slub-dresden.de/werkansicht/dlf/63843/3. Abgerufen am 16.05.2023.

Waibel, Raimund: „Kloster Wiblingen 1093-1806". In: Helfert, Verena: Wiblingen. Kloster und Museum. Sonderheft Schlösser Baden-Württemberg, Hrsg.: Staatliche Schlösser und Gärten Baden-Württemberg. Stuttgart 2006, S. 4f.

Wiegandt, Otto: „Kleine Beiträge und Bilder aus dem alten Ulm". In: Ulm und Oberschwaben. Zeitschrift für Geschichte und Kunst, Band 39. Ulm 1970, S. 192-196.

Winckelmann, Hans-Joachim; Schulthess, Kathrin; Kressing, Frank; Litz, Gudrun: Medizinhistorischer Streifzug durch Ulm. Tübingen 2011, S. 49-51, 64-77, 91-94, 97f.

Wortmann, Reinhard; Eckstein, Claudia: Die Steinmetzzeichen des Ulmer Münsters. Erfassung und Auswertung 1966-2020. Bamberg 2021, S. 9, 11.

Bildnachweis

COVER: Adobe Stock
S. 123 rechts: Dorothee Füller

SIE WOLLEN NOCH MEHR ÜBER

Ulm

WISSEN?

Hier gibt es sachkundige Informationen:

Botanischer Garten
Der Botanische Garten bietet ein interessantes Programm an Workshops, öffentlichen Führungen und Ausstellungen. Spannenden Unterricht für Kinder und Jugendliche in den naturnahen Lebensräumen Wald, Wiese und Teich sowie in den Gewächshäusern bietet das Grüne Klassenzimmer. Der Botanische Garten der Universität Ulm ist als zentrale wissenschaftliche Einrichtung der Universität integriert in Forschung und Lehre und ist eine wertvolle Schnittstelle zwischen Wissenschaft und Öffentlichkeit.
Botanischer Garten
der Universität Ulm
Hans-Krebs-Weg
89081 Ulm
Telefon: +49 (0)731 / 50-31351
E-Mail: botgart@uni-ulm.de

Donauschwäbisches Zentralmuseum
Jeden Sonntag gibt es ab 14 Uhr eine öffentliche Führung mit wechselnden Themen.
Schillerstr. 1
89077 Ulm
Telefon: 0731 / 962540
E-Mail: info@dzm-museum.de
Homepage: www.dzm-museum.de
Öffnungszeiten:
Mo. geschlossen
Di. bis Fr.: 11-17 Uhr
Sa., So. und Feiertage: 10-18 Uhr

Haus der Begegnung
Bildungs- und Kultureinrichtung der Gesamtkirchengemeinde Ulm mit Kapelle aus der Zeit des Dominikanerklosters.
Grüner Hof 7
89073 Ulm
Telefon: 0731 / 920000
E-Mail: sekretariat@hdbulm.de
Homepage: www.hdbulm.de
Öffnungszeiten:
Außerhalb der Ferienzeiten geöffnet
Mo. bis Fr.: 8-18 Uhr
bei Veranstaltungen bis 22 Uhr

Jüdische Führungen
Auf den Spuren der jüdischen Geschichte in Ulm vom Mittelalter bis zur Neuzeit.
Führungen können über die Touristik Ulm gebucht werden:
Tourist-Information Ulm/Neu-Ulm
Münsterplatz 50
89073 Ulm
Tel.: 0731 / 1612830
E-Mail: unt@tourismus.ulm.de
Homepage: www.tourismus.ulm.de
oder direkt bei
Ulrike Häufele
E-Mail: ulrikehaeufele@msn.com
Telefon: 07305 / 7961
Mobil: 0160 / 99129803

Jüdische Kellerräume
Interessenten werden nach Anmeldung gerne im Judenhof 11 durch die jüdischen Kellerräume aus dem 13. Jahrhundert geführt. Kontaktperson ist Dipl. Ing. Hans Layer.
E-Mail: hans@layersche.de

Kloster Wiblingen
Das Kloster Wiblingen umfasst eine der weltweit schönsten Barockbibliotheken und die im klassizistischen Stil ausgestattete Basilika St. Martin.
Schlossstr. 38
89079 Ulm-Wiblingen
Telefon: 0731 / 27013500
E-Mail: info@kloster-wiblingen.de
Homepage: www.kloster-wiblingen.de
Öffnungszeiten der Bibliothek:
März bis Oktober
Täglich außer Montag 10-17 Uhr
November bis Februar
Sa., So. und an Feiertagen 13-17 Uhr
Die Basilika St. Martin ist täglich von 09-18 Uhr geöffnet

Napoleon-Führungen
Thomas Schuler, Buchautor und einer der führenden Napoleon-Experten Deutschlands, gibt spannende Napoleon-Führungen in Ulm und Elchingen, die gebucht werden können unter 0176 / 24 35 60 32.
Weitere Informationen unter www.aufnapoleonsspuren.de.
Thomas Schuler
Telefon: 0176 / 24 35 60 32
E-Mail: info@napoleoninbayern.de
Homepage: www.napoleoninbayern.de

Ulmer Münster
Das Ulmer Münster ist die größte evangelische Kirche in Deutschland. Zahlreiche Führungen können im Münsterbauamt gebucht werden:
Das Ulmer Münster in 60 Minuten,
Familienführungen,
Meditative Führungen,
Führungen für kirchliche Gruppen,
Reformationsgeschichtliche Führungen,
Kurzführungen,
Spezielle Führungen.

Kontakt für Führungen:
Gertrud Röhrer
Münsterplatz 1a
89073 Ulm
Telefon: 0731 / 9675012
E-Mail:
fuehrungen@muensterbauamt-ulm.de
Homepage: www.ulmer-muenster.de

Öffnungszeiten Kirche:
April bis September
täglich 9-18 Uhr
Oktober bis März
täglich 10-17 Uhr
Während des Weihnachtsmarkts
täglich 10-18 Uhr

Öffnungszeiten Turm:
April bis September
9-17 Uhr
Oktober bis März
10-16 Uhr

Aktuelle Informationen zur Turmbesteigung und zu den Veranstaltungen im Ulmer Münster im Münstershop,
Telefon: 0731 / 96 75 023

Publikationen:

Birkenfeld, Herbert (Hrsg.): Aufschlüsse. Geologischer Führer durch die Region Donau-Iller. Ulmer Geographische Hefte 3. Ulm 1986.

Birkenfeld, Herbert: Luftbildatlas Region Ulm/Neu-Ulm. Langenau 1987.

Birkenfeld, Herbert u.a.: Schätze der Natur im Alb-Donau- Kreis und in Ulm. Alb und Donau. Kunst und Kultur 41. Ulm 2004.

Hauke, Marie-Kristin: Frau sein heißt politisch sein - Frauen in Ulm nach 1945. Ulm 2016.

Hauke, Marie-Kristin: Frauen wollen mehr! Die vergessene Erste Frauenbewegung in Ulm (1895-1919). Ulm 2023.

Hauke, Marie-Kristin: Frauen bewegen Ulm. Demokratische Teilhabe von Frauen in Ulm nach 1955. Ulm 2020.

Petershagen, Wolf-Henning: Ulm und Neu-Ulm. Kleine Stadtgeschichte, Regensburg 2019.

Schuler, Thomas: Auf Napoleons Spuren. Eine Reise durch Europa. München 2021.

Haftungsausschluss

Trotz intensiven Austauschs mit unseren Gesprächspartnern, gewissenhafter Literaturrecherche und aufmerksamem Korrekturlesen erheben wir weder einen Anspruch auf Vollständigkeit noch auf Fehlerlosigkeit. Wir haben streng darauf geachtet, keine Urheberrechte zu verletzen, unsere Recherchen sind nach bestem Wissen und Gewissen erfolgt. Dennoch übernehmen wir keinerlei Gewähr für die Aktualität, Korrektheit oder Vollständigkeit der bereitgestellten Informationen. Haftungsansprüche gegen uns schließen wir grundsätzlich aus.

Blick ins Buch
Augsburger Geheimnisse

01

Initialen

Erinnerung an eine beeindruckende Fabrikantin

Was für eine Frau!", sagt Anne Schmucker bewundernd und blickt zu den verschlungenen Initialen über dem Hauseingang hinauf. Ein *A* ist da zu erkennen, ein *B* und ein *G*. Die Frau, zu der diese Initialen gehören, war in der Tat eine ganz besondere: Anna Barbara Gignoux (1725-1796), einst Leiterin der drittgrößten Kattunfabrik in Augsburg. Anne Schmucker, die als Expertin für Augsburgs historische Frauen gilt und sich stunden- und tagelang im Stadtarchiv aufhält, um immer neue Details herauszufinden, kennt ihre Geschichte in- und auswendig.

„Die 1725 geborene Anna Barbara Koppmair war die Tochter eines Goldbearbeiters", beginnt sie zu erzählen. Als Anna 23 Jahre alt ist, im Jahr 1748, heiratet sie den Kattundrucker, Johann Friedrich Gignoux, dessen Vater eine große Kattundruckerei in Augsburg besitzt. Dort werden dicht gewebte Baumwollstoffe bedruckt. Die beiden führen ein von Kultur und guter Gesellschaft geprägtes Leben, Johann Friedrich übernimmt die Firma von seinem Vater, zwei Kinder werden geboren. Doch das Eheglück währt nicht lange: Anna Barbara Gignoux ist erst 35 Jahre alt, als ihr Mann stirbt. „Ich vermute, dass das Arbeiten mit sehr giftigen Farbstoffen zum frühen Tod des Johann Friedrich Gignoux beigetragen hat", sagt Anne Schmucker und fügt bedauernd hinzu: „Sie hat sich dann zu einer Wiederverheiratung drängen lassen und sagte später selbst, dass das einer der größten Fehler ihres Lebens war." Denn ihr zweiter Ehemann, Georg Christoph Gleich, habe sie nur wegen ihres Vermögens geheiratet. „Sofort nach der Hochzeit nahm er seiner Frau den Schlüssel für die Firma ab. Das war damals aber nicht ungewöhnlich und sie hatte auch kein Einspruchsrecht mehr."

Doch Barbara will sich das nicht gefallen lassen, zumal ihr verstorbener Mann sie bis zur Volljährigkeit des gemeinsamen Sohnes in seinem Testament ausdrücklich als Besitzerin und Geschäftsführerin

Durch diese Tür schritt einst die Fabrikantin Barbara Gignoux. Täglich.

eingesetzt hat. Sieben Jahre streitet Anna Barbara Gignoux vor Gericht und unterliegt letztendlich: Ihr neuer Gatte soll die Firma weiterhin leiten, sie zu Hause bleiben. „Immerhin wurden ihr und den Kindern Tantiemen zugesprochen. Befriedigend war das natürlich nicht", sagt Anne Schmucker. „Und Gleich hat die Firma dann auch an die Wand gefahren." Er ließ die drei bisherigen Fabrik-Gebäude abreißen und 1764/65 an ihrer Stelle ein großes, palaisartiges Gebäude errichten, das heute als Gignoux-Haus bekannt ist. „Mit dem Bau desselben hat er sich aber übernommen und auch die Kattunfirma ziemlich heruntergewirtschaftet. 1770 musste Gleich Konkurs anmelden und floh, um einer Gefängnisstraße zu entgehen, vor seinen Gläubigern. Seiner Frau hinterließ er den bankrotten Betrieb und einen Schuldenberg von 200.000 Gulden."

Trotz der schwierigen Umstände ist das ein Glück für Barbara Gleich, denn die kann nun zeigen, was in ihr steckt, und hat die Geschicke ihrer Firma endlich wieder in der Hand. „Sie stand mit einer Schuldenlast von 200.000 Gulden da, das entspricht etwa einer heutigen Summe von 20 Millionen Euro", sagt Anne Schmucker. „Doch sie hat verhandelt wie eine Weltmeisterin, bei Banken und Stadt Aufschub bekommen und – was soll man sagen: Es ist ihr innerhalb von drei Jahren gelungen, alles abzubezahlen." Und mehr als das, Barbara Gleich schafft es, ihre Kattunfabrik zur drittgrößten Augsburgs aufzubauen. 1777 muss sie ein privates Drama verkraften, es führt auch dazu, dass sie weiter an der Spitze der Firma stehen wird: Ihr als Erbe bestimmter Sohn stirbt.

Die Initialen über der Tür erinnern an eine beeindruckende Frau.

Zwei Jahre später, nach neun Jahren, ist Anna Barbara Gleich dann endlich geschieden und darf sich fortan wieder Gignoux nennen. Sie arbeitet hart, ist von früh bis spät im Betrieb – und führt ihn zum Erfolg. Anne Schmucker hat in einem zeitgenössischen Wirtschaftslexikon nachgelesen, dass die Firma unter ihrer Führung bis zu 500 Mitarbeiter hatte. Männer, Frauen und auch Kinder. Der Erfolg habe sich aber nicht zuletzt deshalb eingestellt, weil Anna Barbara Gignoux „Lohndumping“ betrieben habe, wie Anne Schmucker es nennt. „Sie hat die Zulieferer derart im Preis gedrückt, dass immer noch ein bisschen mehr rausgekommen ist. Und sie hat sehr niedrige Löhne bezahlt. Aber immerhin, sie hat den Betrieb erhalten und konnte dann über 500 Leute beschäftigen.“ Für soziale Zwecke habe sie nicht gespendet, wohl aber für die Kultur. „Sie vertrat den Standpunkt: Ich gebe den Leuten Arbeit, Geld und Brot und damit ist es genug.“

„Hier hindurch ist sie immer gegangen.“

Und was ist mit den Initialen *ABG*? Das Gignoux-Haus steht doch gegenüber dem Gebäude, über dessen Eingangstür sie angebracht sind? „Das hier war Anna Barbara Gignoux' Privathaus“, erklärt Anne Schmucker. „Sie hat es nach der Scheidung gekauft und musste nur über die Straße gehen, um in ihrer Firma zu sein.“ Die Originalhaustür ist noch vorhanden. „Hier hindurch“, sagt die Augsburgerin feierlich, „hier hindurch ist sie immer gegangen.“ Die bedeutende Anna Barbara Gignoux.

Eva-Maria Bast

So geht's zu den Initialen:

Sie befinden sich über der Tür des Hauses Vorderer Lech 5.

WEITERE

Geheimnisse der Heimat

aus der Umgebung:

DIE

Geheimnisse der Heimat

GIBT ES JETZT NEU IN ...

Koblenz

Braunschweig Band 2

Celle

Seit 2011 haben wir über 80 „Geheimnisse“-Titel produziert.
Alle Städte finden Sie unter www.bast-medien.de